Emanuel Winklhofer

Die Macht der positiven Ausstrahlung

ezl-verlag

ISBN 978-3-932418-19-8

1. Auflage Oktober 2000
2. Auflage September 2008,
Waldstraße 26
93197 Zeitlarn
Tel. 09402-78 28 01
Fax 09402-78 28 02
info@ezl-verlag.de

Emanuel Winklhofer

Geboren 30.03.1957.

Studium der Pharmazie in Regensburg, Approbation 1986.

Viele Lehrstationen und Seminare begleiteten ihn über Jahre hinweg (z. B. Ausbildung zum Berater für Psychosomatische Medizin sowie Ausbildung zum Meditationslehrer und Wassertherapeut bei Dr. Rüdiger Dahlke)

Seit 1991 ist er als Seminarleiter hauptsächlich im pharmazeutischen Umfeld tätig. Er veranstaltet Seminare im Bereich Motivation, Verkauf, Kommunikation und Persönlichkeits-Entwicklung.

Durch seine langjährige praktische Erfahrung vermittelt er Tipps, die sofort umgesetzt werden können. Seine begeisternde und motivierende Art strahlt er auf die Menschen aus und spornt sie zu Höchstleistungen an.

Er beleuchtet die Vorkommnisse im Beruf anhand allgemeiner Lebenssituationen und gibt Einblicke in psychologische Bereiche von Programmen und Glaubensmustern. Er baut Menschen auf, gibt Ihnen Ziele und trägt zu ihrer Weiterentwicklung bei, und zwar nicht durch oberflächliche Motivation, sondern durch Einsichten auf einer tiefen, inneren Ebene.

Vorwort zur zweiten Auflage

Lange trug ich die Entscheidung mit mir herum, ob das Buch wieder aufgelegt werden soll. Vielleicht war es ja einfach nur ein Abschnitt meines Lebens, den ich beim Schreiben nochmals aufarbeiten konnte. Sollte ich nicht lieber daran denken, neue Erfahrungen und Ideen aufzuschreiben, da das Buch 'Die Macht der positiven Ausstrahlung' schon überholt ist und es ohnehin genügend Lehrbücher zu dieser Thematik gibt.

Doch so viele Gespräche mit Seminarteilnehmern und Lesern (die mich z. T. einfach anriefen und mir sagten, wie gut ihnen das Buch gefallen hat und dass es ihr ständiger Begleiter sei) zeigten mir, dass mein persönlicher Erfahrungsbericht mit all den Erfolgen und Rückschlägen mit der Differenz zwischen Theorie und Praxis so vielen Menschen geholfen hat, wohlwollender und gütiger das eigene Schicksal zu betrachten. Und auf diese Weise konnten zahlreiche Leser wieder Mut für den eigenen Weg fassen und mit Motivation und Geduld den Weg weitergehen.

Ein weiterer Anstoß zur Neuauflage waren Gespräche mit meinem Freund Richard, der mir anhand meiner eigenen Bilder gezeigt hat, dass eine Neuauflage Berechtigung hat: Seit einem Jahr etwa wuchs (neben meiner Begeisterung für Bergtouren) die Freude am alpine Klettern. Gern erzählte ich Richard bei unseren gemeinsamen Sauna-Abenden von meinen anfangs eher bescheidenen und doch für mich wichtigen Erfolgen. Weil es technisch für mich einfacher und sicherer ist, gehe ich nicht allein sondern mit Bergführer Franz, den viele Leser von den Seminaren her kennen.

Ich beobachte gern spezielle Situationen und versuche, Schlüsse oder wenigstens hilfreiche Bilder fürs Leben zu übersetzten. Da man beim Klettern dem Massentourismus der Sandalen-Bergsteiger entgeht und ganz auf sich allein (bzw. zu zweit) gestellt ist, hat die Seele Raum, um stimmige Bilder zu produzieren: Ein Bergführer braucht ja nur *eine* Seillänge voraus sein. Würde er oben auf dem Gipfel stehen, wäre er mir nicht sehr hilfreich. Selbst bei einer Seillänge voraus kann er mich nicht nach oben ziehen. Klettern, dabei jeden Schritt gut zu überlegen und manchmal sogar ein wenig herumzuprobieren, muss ich schon selbst. Der Vorsteiger (Kletterführer) gibt grob den Weg voraus, passt auf, dass ich dran bleibe und motiviert mich, mein Bestes zu geben. Und er sichert mich ab, um mich vor einem Absturz zu bewahren. Gleiches macht ein 'Menschenführer': er braucht nur eine Seillänge voraus zu sein um die richtige Hilfestellung zu bieten.

Dieses Bild gefiel Richard so gut, dass er sagte: *"Schau, mit deinem Buch ist es doch ähnlich. Du bist mit dem, was du schreibst, deinen Lesern um eine Seillänge voraus und sie können sich auf dich verlassen. Gerade für die Situation, in der sie sich gerade befinden, bist du der richtige Bergführer"*.

Recht hat er, und deshalb gibt es die zweite Auflage. Mit lieben Wünschen für alle Leser und 'Lebens-Wanderer'.

Emanuel Winklhofer, im September 2008

Einleitung

Wissen Sie, was die bedeutendste Frage war, die mir je im Leben gestellt wurde?

"Wie hätten Sie es denn gern?"

Ich drehe das Rad der Zeit um viele Jahre zurück. Damals war ich Mitarbeiter in der Apotheke im Donau-Einkaufszentrum, besuchte viele Seminare und begann einen Weg des ständigen Wachsens, dennoch war ich oft unmotiviert und unzufrieden. Eines Tages saß ich wieder mal in einem Rhetorik- und Verkaufs-Seminar bei einem Seminarleiter, den ich wegen seiner herzlichen Art und seiner reichen Lebenserfahrung sehr schätzte. In einem persönlichen Gespräch schilderte ich ihm all die frustrierenden Seiten meines beruflichen Tuns in ausführlicher Weise und er hörte mir geduldig zu. Was fiel mir nicht alles an Nachteilen ein, die mein Beruf mit sich brachte: Da waren ungünstige Arbeitszeiten, 'schwierige' Kunden, Praxis und Ausbildung waren himmelweit voneinander entfernt, zu viel Verantwortung bei zu geringem Lohn, zu viele staatliche Eingriffe, eine lasche Berufsorganisation und so weiter und so weiter.

Nach einer Weile sagte er zu mir: *"Herr Winklhofer, Sie haben mir nun viele Nachteile Ihres Berufes erzählt. Was würden Sie denn am liebsten tun, wenn Sie gar nicht daran denken müssten, Geld zu verdienen. Was wäre Ihre Lebensaufgabe, wenn Sie eine stattliche Monatsrente hätten und sich alles leisten könnten, was Sie zum Leben brauchen? - Wie hätten Sie es denn gern - Ihr Leben?"*

Das hat ins Schwarze getroffen. Nun, was würde ich tun, was wäre meine Lebensaufgabe? Da stellt mir jemand eine so einfache Frage und ich finde spontan keine Antwort. Können Sie sich vorstellen, wie eigenartig dieses Gefühl war? Ich wusste alles, was mir nicht passt, aber ich konnte nicht sagen, was ich gern gehabt hätte. Es war die wichtigste Frage, die mir je ein Mensch gestellt hat, denn sie hat dazu beigetragen, dass ich (sehr heftig) wachgerüttelt wurde.

Ich bin damals sehr intensiv in mich gegangen und habe überlegt, wie sich mein Leben verändern sollte. Es war anfangs gar nicht so leicht, denn über solche Themen nachzudenken, haben wir doch nie gelernt. Und noch weniger wurden wir angeleitet, wie wir im Leben erfolgreicher sein können, wie wir besser mit anderen Menschen umgehen können, wie wir zu unserer Aufgabe finden, wie wir zu einer positiven Lebenseinstellung gelangen, wie wir besser auf andere wirken, wie wir im Leben die Freude viel mehr in den Mittelpunkt stellen u.v.m. Stattdessen wurde uns eingetrichtert, welche Bodenschätze in Südostafrika gefördert werden, wann Karl der Verschleimte geboren wurde und welcher Bruttosozialminister 1824 im Amt war.

Das soll keine Rüge gegen unser Schulsystem sein. Es soll zeigen, was ich alles neu erlernen musste.

Das, was Sie hier lesen, soll also nicht das 398ste Buch mit schlauen Sprüchen sein, sondern es beschreibt meinen Weg, den ich seit etwa 20 Jahren gegangen bin, der mich erfolgreicher gemacht hat und es berichtet von meinen Erfahrungen, die Sie möglicherweise auf Ihrem Weg ebenso bereichern können.

Ein für mich wichtiger Satz lautet: *"Erst wenn du gelernt hast, mit geschlossenen Augen zu leben, kannst du dich daran wagen, einen Blinden zu lehren."* Alle Tipps in diesem Buch habe ich lange genug getestet und kann aus meiner Erfahrung sagen, dass sie funktionieren.

Ich bin kein Mann der großen Theorien, bin auch kein Psychologe, sondern ich will Ihnen in meiner einfachen Sprache praktische Ideen vermitteln, wie Sie Ihr Leben erfüllter gestalten und etwas liebevoller mit sich und anderen Menschen umgehen können. Ich habe keine Weisheit neu erfunden, es war alles schon da! Vielleicht ist auch alles falsch - wer weiß? Sie können an den Gott der katholischen oder evangelischen Kirche glauben, dem Hinduismus oder Buddhismus angehören, Anhänger der Reinkarnationstheorie sein oder sonst etwas. Wenn Sie genau hinsehen, erkennen Sie, dass die großen Weisheitslehren dieser Welt sehr ähnlich sind. Letztendlich sind dies alles nur Denkmodelle. Wenn mir allerdings so ein Denkmodell hilft, ein erfüllteres Leben zu führen, dann benutze ich es gern, ebenso wie mir ein bequemes Auto hilft, auf eine angenehme Weise von Punkt A nach Punkt B zu kommen.

Ich bin kein Aussteiger, sondern stehe mit beiden Beinen im Leben und leite ein erfolgreiches wirtschaftliches Unternehmen, ich gehöre keiner Sekte an, bin kein Guru (will es auch nicht werden) und kein Erleuchteter. Vielleicht würde Ihnen ja ein Erleuchteter, der auf der Bergspitze der Weisheit sitzt und aus der Ferne ruft, *"lasst Euer Selbst hinter Euch, folget mir nach und kommt zum Gipfel"*, gar nichts nützen. Ein Bergführer, der ein Stück vor

Ihnen geht und Sie auf die nächsten Schritte vorbereitet, ist oft sinnvoller. Dieser Bergführer möchte ich für Sie sein. Es gibt viele Wege zum Gipfel: Sie können mit dem Auto fahren, klettern, sich tragen lassen, in der Gruppe reisen, mit der Seilbahn fahren o.ä. All diese Methoden führen nie bis ganz oben. Das letzte Stück müssen Sie dann allein gehen. Gleich verhält es sich mit dem Lebensweg. Es gibt viele Begleiter: Bücher, Seminare, Religionen, Freunde, Interessensgruppen etc. - aber das letzte und wichtigste Stück ist allein IHR Weg. Schön, dass Sie sich entschieden haben, ein Stück gemeinsam mit mir zu wandern. Ich danke Ihnen dafür.

In meinem Leben hatte ich das Glück, immer zur rechten Zeit die richtigen Lehrmeister zu haben, die oft sehr viel Liebe und Geduld für mich aufbringen mussten. Ich widme dieses Buch all den liebevollen Menschen, die mich bisher auf meinem Weg begleitet haben.

Durch die naturwissenschaftliche Ausrichtung meines Elternhauses und meine pharmazeutische Ausbildung, die mich zum Teil zu intensiv an die Wissenschaft band, brauchte ich lange, bis ich die Existenz von geistigen Gesetzmäßigkeiten akzeptieren konnte und bis ich begriff, dass wir nicht oder noch nicht alles messen können. Vielleicht braucht auch nicht alles von einem Messgerät angezeigt zu werden, es reicht, wenn wir uns einfach einmal auf andere Denkweisen einlassen können.

Eines der ergreifendsten Bücher, die ich gelesen habe, schrieb der große österreichische Arzt und Psychotherapeut Viktor E. Frankel, es trägt den Titel '*... trotzdem Ja zum Leben sagen*'. Es lehrte mich sehr intensiv, dass es im

Leben stets auf meine Sichtweise ankommt. Wir haben im Leben immer eine Wahlmöglichkeit, auch wenn wir glauben, es sei nicht so. Viktor Frankel (Begründer der Logotherapie), der drei Konzentrationslager überlebte und dessen gesamte Familie im KZ umgebracht wurde, schreibt über seine Erfahrungen "... *dass man den Menschen im Konzentrationslager alles nehmen kann, nur nicht: die letzte menschliche Freiheit, sich zu den gegebenen Verhältnissen so oder so einzustellen. Und es gab immer ein 'so oder so'!"*

Nicht die Dinge sind gut oder schlecht, sondern unsere Einstellung dazu (wir kommen später noch darauf zu sprechen). Wir werden also nur zu 10 % von den Umständen beeinflusst, allerdings zu 90 % davon, wie wir auf die Umstände reagieren. Oder anders ausgedrückt: Wir haben immer die Möglichkeit der freien Entscheidung, wie wir etwas interpretieren und wie wir darauf reagieren.

Das ist eine gewaltige Erkenntnis, die wir im Leben jeden Tag wieder aufs Neue umsetzen dürfen. Wir kommen dadurch sofort aus der beliebten Opferrolle heraus. Wie oft fragen wir nach dem Sinn des Lebens? - Fangen wir doch an, dem Leben Sinn zu geben. Wie oft erwarten wir etwas vom Leben? - Fragen wir doch einmal, was das Leben von uns erwartet.

Haben Sie sich schon einmal überlegt, wie viele Tage Ihnen im Leben noch bleiben? Sind Sie 40 Jahre alt, dann haben Sie noch ca. 5.900 Arbeitstage, bis Sie in den Ruhestand gehen. Sind Sie 50, dann bleiben Ihnen nur noch ca. 3.700 Arbeitstage, um das im Leben zu schaffen, was Ihre Berufung ist. Bei einer durchschnittlichen Lebenserwartung können wir im Alter von 50 Jahren noch mit etwa 9.000 Lebenstagen rechnen. Natürlich wissen wir nicht, ob uns diese Anzahl überhaupt bleibt, deshalb wäre es doch schön, jeden Tag in Erfüllung zu leben.

Wann sind wir bereit, im Leben etwas zu verändern? Wann sind wir bereit, uns eine neue Lebenseinstellung zuzulegen? Bei manchen Menschen muss immer erst etwas Unangenehmes passieren. Andere ändern sich einfach so. Wir sehen daraus die beiden Möglichkeiten, die uns das Leben zum Verändern bietet:

1. Durch die Erkenntnis

Wir können etwas lernen oder erfahren und sagen: *"Oh ja, das ist prima, das setze ich um."* Das wäre der ideale Weg, sozusagen der Königsweg.

2. Durch das Leid

Wenn uns ein Schicksalsschlag oder ein ungünstiger Umstand zwingt, eine Veränderung vorzunehmen. Das ist nur der zweitbeste Weg. Für das Leben ist es letztendlich gleichgültig (heißt: 'es gilt das Gleiche'), für welchen Weg wir uns entscheiden. Wenn ein Lernprozess ansteht, dann müssen wir durch. Jedes Leid ist eine Art Umweg, den wir gewählt haben (bewusst oder unbewusst). Das Leben fragt uns jeden Tag aufs Neue: *"Wann bist du bereit, zu verändern?"* Es ist unsere freie Entscheidung, ob wir bewusst oder unbewusst lernen, ob wir aktiv oder passiv beteiligt sind, freiwillig oder unfreiwillig verändern.

Vielleicht dreht sich in Ihnen jetzt schon zum ersten Mal der Magen um. Das ist in Ordnung. Ein grundsätzlicher Hinweis: Nehmen Sie dieses Buch an, als ob es ein

Regal im Supermarkt wäre, von dem Sie sich wegnehmen dürfen, was für Sie richtig und wichtig ist. Nehmen Sie es an wie ein kaltes Buffet, von dem Sie sich bedienen können. Sie werden bemerken, dass es bei Ihnen innerlich stets zu 'nicken' beginnt, wenn ich Ihnen etwas erzähle, was in Ihr Lebensbild passt. Andererseits beginnt es sofort kräftig zu 'schütteln', wenn ich etwas erkläre, was nicht in Ihr Lebensbild passt und es taucht geistig sofort der Satz auf: *"Wie kann man denn nur so etwas behaupten! Der spinnt! Wenn der wüsste, bei mir ist das schließlich alles anders ..."* - Freuen Sie sich, wenn es oft in Ihnen 'schüttelt'! Denn nur dann können Sie etwas lernen. Stellen Sie sich vor, Sie lesen ein Buch, bei dem es nur ständig innerlich nickt. Das ist schön, Sie haben Ihren Standpunkt wieder ein Stück fester gemauert und Ihr Weltbild bestätigt bekommen, sonst hat sich nichts bewegt - gelernt haben Sie dabei auch nichts. Wenn es viel und oft 'schüttelt', entsteht zunächst einmal Verwirrung. Aus der Verwirrung entstehen neue Gedanken, neue Standpunkte, neue Ideen - so können wir lernen und uns weiterentwickeln.

Legen wir los. Ich lade Sie ein zu einem gemeinsamen Abenteuer und wünsche Ihnen viel Spaß für die gemeinsame Zeit.

Die positive Ausstrahlung

Positiv auf andere wirken

Warum sind manche Menschen beliebter als andere? Warum haben sie mehr Erfolg? Warum kommen sie bei anderen besser an? Warum stehen sie im Mittelpunkt? Warum sind sie Führungspersönlichkeiten? Warum hört jeder gern auf diese Menschen? Warum sind sie so gute Gesellschafter? Warum fühlen wir uns zu ihnen hingezogen? Das ist kein Produkt des Zufalls oder eine Laune des Schicksals, sondern eine Fähigkeit, die sich erlernen lässt.

Wir haben außer den bekannten fünf Sinnen (Sehen, Hören, Riechen, Schmecken, Tasten) noch andere Fähigkeiten, um wahrzunehmen. Bei Tieren ist uns diese Art des Wahrnehmens bekannt. Ein Hund 'spürt' es, wenn etwas Besonderes los ist, er spürt, wenn Herrchen oder Frauchen nach Hause kommt und er spürt Zuneigung oder Abneigung. Auch wir Menschen sagen oft, *"da habe ich so ein Gefühl"* oder *"das habe ich einfach im Gespür"* oder *"da ist eine besondere Schwingung"* o.ä. Irgend etwas Unsichtbares umgibt uns also scheinbar und andere Menschen können es mehr oder weniger gut wahrnehmen. Die Wissenschaft spricht von morphogenetischen oder formgebenden Feldern.

Ich glaube, dass es eine der bedeutendsten Fähigkeiten für die Zukunft sein wird, eine positive Ausstrahlung zu haben. Wir brauchen diese Stärke, wenn es darum geht, wie wohl wir uns selbst fühlen, wie wir auf andere Menschen wirken, wie wir sie begeistern und (im positiven Sinn) beeinflussen können. Mit einer positiven Ausstrahlung, die wirklich vom Innersten Ihrer Seele kommt, sind

Ihnen Tür und Tor geöffnet. Plötzlich freuen sich die Menschen über Ihre Gegenwart, ja sie bemühen sich sogar um Ihre Gesellschaft, sie nehmen dankbar Ihren Rat an, Menschen, von denen Sie es nie für möglich gehalten hätten, bieten Ihnen auf einmal ihre Hilfe oder ihre Mitarbeit an. Es ereignen sich Umstände, an die Sie vorher im Traum nicht gedacht haben.

Die positive Ausstrahlung ist das Resultat von drei Faktoren:

1. Die positive Einstellung zu sich selbst
2. Die positive Einstellung zum Beruf
3. Die positive Einstellung zu Mitmenschen

In den folgenden Kapiteln werden wir uns intensiv mit den drei Bereichen beschäftigen. Ganz kurz vorweg: Mit dem Wort 'Beruf' ist Ihre derzeitige Aufgabe gemeint, das kann Schreiner, Apotheker, Verkäufer, Hausfrau, Student o.ä. sein. Und in dem Wort 'Mitmensch' sind Kunden, Kollegen, Mitarbeiter, Ehepartner, Kinder etc. eingeschlossen.

Positives Denken

Das haben wir doch alle schon mal gehört. Wir sollen doch grundsätzlich 'positiv denken'. Ja, wenn es so einfach wäre! Und ich gehe noch ein Stück weiter und sage: Wenn wir überhaupt wüssten, was das bedeutet.

Positives Denken hat nichts damit zu tun, dass wir irgendetwas durch die rosa Brille betrachten wollen, dass wir Himbeersauce über etwas kippen wollen, um es schöner darzustellen oder nur die angenehmen Situationen im Leben annehmen wollen - nach dem Motto: 'Mach es wie die Sonnenuhr, zähl die heitren Stunden nur.' Nein, wirklich positives Denken bedeutet, dass wir bereit sind, alles, was im Leben auf uns zukommt, als Lernprozess zu erkennen - auch dann, wenn es im ersten Moment unangenehm erscheint. Das Leben schickt uns nicht unangenehme Launen des Schicksals, sondern Lernprozesse, die uns ein Stück weiterbringen wollen. Natürlich sind viele unangenehme Botschaften und Lernprozesse dabei, doch aus einem (uns vielleicht noch nicht erkennbaren) Grund ist es eben für uns wichtig, eine bestimmte Erfahrung zu machen. Solange wir uns in einer unerwünschten Situation befinden, urteilen wir und sagen, es sei schlecht. Nach einiger Zeit betrachtet, kann es schon wieder ganz anders aussehen. Denken Sie zurück in Ihrem Leben, meistens waren es die unangenehmen Momente, aus denen Sie am meisten gelernt haben.

Positives Denken funktioniert vor allem nicht, indem wir uns unsinnige Affirmationen basteln und uns einzureden versuchen: *"Mir geht es ganz hervorragend", "meine Magenschmerzen sind vollkommen verschwunden", "ich bin reich und glücklich", "ich bin frei von jeglicher Krankheit"* o.ä. Dadurch schaffen wir 'Schattenbereiche', denn wir können nichts einfach so beseitigen. Nach dem Energie-Erhaltungsgesetz bleibt es vorhanden und wird sich an einer anderen Stelle wieder melden. Positives Denken verlangt, unsere dunklen Seiten zu betrachten, sie zu akzeptieren, sie zum Freund und Lehrer zu machen ('liebet eure Feinde') und durch sie zu erfahren, welche Veränderungen in unserem Leben erforderlich sind.

Wertfrei wahrnehmen

Zum Einstieg wollen wir uns mit einer sehr wertvollen Fähigkeit beschäftigen: Das wertfreie Wahrnehmen. Der Mensch hat gelernt, alles sehr schnell zu beurteilen. Wir sagen: *"Dies ist gut - jenes ist schlecht - dies ist falsch - jenes ist richtig - dies ist gut und jenes ist böse."* Das ist grundsätzlich eine Sichtweise aus der momentanen Situation heraus und hat nichts mit 'gut' und 'schlecht' als generelle Sache zu tun.

Sie können sich ärgern und mächtig darauf schimpfen, weil Ihnen heute gekündigt wurde. Ja, Sie urteilen und leben im Glauben, dass die Welt es schlecht mit Ihnen meint. Haben Sie allerdings nach einiger Zeit eine viel bessere Arbeitsstelle gefunden, dann urteilen Sie wieder (in entgegen gesetzter Richtung) und denken, *"na Gott sei Dank hat mich damals mein Chef rausgeworfen"*. Beides sind nur Urteile, die aus einer ganz speziellen Situation entstanden sind, mit der Realität haben sie nichts zu tun. Ich habe früher sehr stark geurteilt - oder sogar verurteilt - und kann im Rückblick daraus viel lernen: Im Kindergarten fühlte ich mich recht wohl, spielte gern, ja ich war damals schon ein Organisationstalent und verteilte Aufgaben an die anderen Kinder. Dann kam die Zeit der Schule - der Ernst des Lebens begann. Ich war sauer, den ganzen Tag still sitzen zu müssen und Schreiben und Lesen zu lernen, war es doch im Kindergarten viel schöner. Und wer weiß, ob ich Schreiben und Lesen überhaupt jemals brauchen würde, denn meine bisherige Erfahrung zeigte ja, dass ich auch ohne gut zurecht kam. Also urteilte ich: Miserable Situation, es ist wirklich alles schlecht. Dann kam ich ins Internat - wieder einmal begann der Ernst des Lebens. Ich fühlte mich in diesem Benediktinerkloster schrecklich allein und in meinem Weltschmerz ungeheueren Heimwehs sah ich zurück und stellte fest: Na, so schlecht war's ja in der Schule nicht, ich war wenigstens noch zu Hause, meine Eltern und meine Freunde waren da und zu Essen gab's auch etwas Anständiges. Aber jetzt bin ich in einer wirklich üblen Situation: Saufraß, spartanischer Drill, von Liebe und Wärme, die ein 10-jähriger Junge braucht, war nichts zu spüren. Neun Jahre später machte ich eine Berufsausbildung zum pharmazeutisch-technischen Assistenten, es begann wieder einmal der Ernst des Lebens und ich sah wieder zurück: Na, so schlecht war's im Internat ja gar nicht, eine Horde Jungs, die den ganzen Tag lang Blödsinn im Kopf hatten, nette Freundschaften gab's auch genügend und letztendlich bekamen wir jeden Tag zu Essen. Das musste ich mir jetzt selbst zubereiten und außerdem war die Berufsausbildung ein recht dilettantischer Schulbetrieb. Also wieder eine üble Situation. Dann kam ich zur Universität - wieder begann der Ernst des Lebens. Ich freute mich schon, im Pharmaziestudium endlich meinem Forscherdrang Ausdruck verleihen zu können. Und was stellte ich fest? Richtig: Üble Situation. Ich sollte Formeln und Synthesen lernen, die niemanden auf der Welt sonderlich interessieren und Klausuren schreiben mit einem Wissen, das ich im Beruf wohl nie mehr brauchte. Im Rückblick auf die frühere Berufsausbildung konnte ich feststellen: Na, so schlecht war's ja in der PTA-Schule auch nicht, ich brauchte mich mit dem Lernen wirklich nicht überanstrengen, hatte viel Freizeit und war obendrein noch der Hahn im Korb in einer Schulklasse mit so vielen jungen Mädels. Nach dem Studium durfte ich endlich in den ersehnten Berufsalltag einsteigen - und nochmals begann der Ernst des Lebens. Dreimal dürfen Sie raten, was der Fall war. Üble Situation. In dieser Apotheke kamen doch nur 'bescheuerte Kunden', einer ekliger als der andere. Außerdem musste ich um 8.00 Uhr morgens schon auf der Matte stehen. Ich dachte, dass ich im Leben zu etwas Großem berufen bin - und nun das. Na ja, rückblickend auf das Studium konnte ich sagen, so schlecht war's doch nicht. Abends war ich lange unterwegs (ich verdiente mir mein Geld damals als Musiker) und morgens nahm ich mir das Recht, auszuschlafen.

Was war geschehen? Immer, wenn ich in einer Situation war, urteilte ich und kam zum Ergebnis: schlecht! Nach einiger Zeit schon verhielt es sich ganz anders: auf einmal war es doch gut. Jeder einzelne Schritt bedeutet einen wichtigen Lernprozess. Ob wir begeistert sind oder nicht, spielt für das Leben keine Rolle. Ich habe daraus eine wichtige Lehre gezogen:

Auch wenn mir etwas nicht besonders gut gefällt, kann ich inzwischen sagen: Die Situation sieht zwar im Moment nicht besonders rosig aus, sie ist allerdings mit Sicherheit für etwas nützlich. Und schon kann ich anders mit meinem Leben umgehen. Mir fällt noch ein wichtiger Nachtrag dazu ein. Mein längster Lernprozess hat mich mehr als zehn Jahre warten lassen, bis ich den Sinn erkennen durfte. Es war ein harter und doch intensiver Lernprozess, der mir zeigen sollte, einen ganz anderen

Lebensweg einzuschlagen, als das zu tun, was für mich vorgesehen war: die elterliche Apotheke zu übernehmen. Damals war es zum Teil schmerzlich, es hatte viel mit dem Thema 'Loslassen' und dem Aufgeben von Sicherheit zu tun. Heute kann ich zurückblicken und sagen: *"Danke Leben!"* Es war so in Ordnung und die Schöpfung zog nur eine Notbremse, die mir auf etwas unsanfte Weise zeigte, was für mich zu tun war.

Die Welt braucht unser Urteil nicht - viel mehr unser Verständnis und unsere Liebe. Eine kleine Geschichte dazu:

Urteile nie

Ein alter, weiser Mann in einer armen Gegend besaß ein prachtvolles Pferd. Da zog ein wohlhabender Reisender durch das Land und wollte das Pferd kaufen, aber der alte Mann verkaufte es nicht. Seine Nachbarn sagten: *"Du bist ein Dummkopf, warum hast du das Pferd nicht verkauft, du hättest viel Geld dafür bekommen."* Der alte Mann sagte: *"Urteilt nicht, die Realität ist, dass ich das Pferd nicht verkauft habe."* Nach einiger Zeit brach das Pferd aus und entlief dem alten Mann. Und wieder sagten die Leute: *"Du Pechvogel, nun ist dein Pferd weg, hättest du es nur verkauft!"* Er antwortete: *"Urteilt nicht, die Realität ist, das Pferd ist entlaufen."*

Nach einigen Tagen kam das Pferd zurück und brachte Wildpferde mit. Die Menschen beglückwünschten den Alten: *"Du bist doch ein Glückspilz, das Schicksal mag dich eben."* Der alte Mann sagte: *"Urteilt nicht, die Realität ist, dass das Pferd mit drei weiteren zurückkam."* Der Sohn des alten Mannes wollte die Pferde zureiten, stürzte und brach sich ein Bein. Sogleich eilten die Nachbarn herbei mit den Worten: *"Du bist vom Pech verfolgt, das ist eine Strafe Gottes."* Der alte Mann sagte: *"Urteilt nicht, die Realität ist, dass mein Sohn vom Pferd stürzte."* Da kam ein grausamer Krieg ins Land und alle jungen Männer wurden eingezogen bis auf den Sohn des alten Mannes, da er sich ja das Bein gebrochen hatte. Wieder kamen die Menschen herbei und bemerkten: *"Welch ein Glück hast du, dein Sohn wurde vom Krieg verschont."* Der alte Mann sagte: *"Urteilt nicht, die Realität ist, er wurde nicht eingezogen."*

Statt zu urteilen, sollten wir überlegen: Ist dieser Umstand (oder diese Situation) auf meinem Weg hilfreich oder nicht?

Schöner für unseren Sprachgebrauch ist der Ausdruck 'stimmig'. Wir brauchen in unserer Überlegung weder gut noch böse, weder richtig noch falsch, sondern nur stimmig oder nicht stimmig, das bezieht sich nur auf mich! Fragen Sie sich also in Zukunft: *"Stimmt es für mich oder stimmt es für mich nicht?"* - oder noch besser, da sich durch die Zeit so vieles verändert: *"Stimmt es für mich jetzt oder stimmt es für mich jetzt nicht?"*

Das funktioniert auf allen Ebenen: für die Auswahl des Essens, der Getränke, beim Einkaufen, generell wenn Sie gerade Geld ausgeben wollen und es funktioniert bei der Diskussion um unterschiedliche Ansichten, bei der Wahl von Partnern, bei beruflichen Entscheidungen, bei privaten Veränderungen u.v.m. Selbst wenn viele andere sagen, dies oder jenes sei richtig und Sie in Ihrem Innersten spüren, dass es für Sie nicht stimmt, dann lassen Sie lieber die Finger davon. Es kommt sonst nur ein unangenehmer Lernprozess hinterher.

Das Urteilen kommt aus der Polarität. Alles in diesem Universum ist von Polarität gezeichnet: Es gib Tag und Nacht, hell und dunkel, laut und leise, Mann und Frau, Krieg und Frieden, Gesundheit und Krankheit, Liebe und Hass usw. Unser Verstand nimmt stets einen Pol heraus und urteilt: Dieser Pol ist gut, jener Pol ist schlecht. Gesundheit ist gut, Krankheit ist schlecht. Frieden ist gut, Krieg ist schlecht. Allerdings gehören die beiden Pole immer zusammen, wie bei einer Medaille, die eben zwei Seiten hat und doch eine Medaille ist oder wie eine Türe, bei der auf der einen Seite 'Eingang' und auf der anderen Seite 'Ausgang' steht und bei der es sich doch um eine Türe handelt.

Ja selbst Eigenschaften bewerten wir als positiv oder negativ, wobei die gleiche Eigenschaft immer von den beiden Polen her bewertet werden kann. Wir bezeichnen einen Menschen als sparsam und ein anderer behauptet, er sei ein Geizhals. Wir hängen einem Menschen das Etikett 'Durchsetzungsvermögen' an und ein anderer beschimpft ihn als Dickkopf. Wir sagen über eine Frau, sie habe schöne lange Beine und ein anderer stellt nüchtern fest, der Oberkörper sei zu kurz. Das ist Polarität.

Das Ablehnen eines Pols bedeutet ein Nichtidentifizieren damit. Durch das Nein verbannen wir einen Pol aus unserem (!) Gesichtsfeld, aber können seine Anwesenheit nicht aufheben. Dieser Pol lebt ab sofort in unserem Schatten weiter, es ist ein abgelehnter Wirklichkeitsbereich und das Leben konfrontiert uns auf irgendeine

Weise mit diesem Schatten. Das kann durch die Lebensumstände oder bestimmte Situationen sein, das kann durch Krankheit sein oder durch bestimmte Menschen in unserem Umfeld oder Ähnlichem.

Hinter jeder Polarität steht eine Einheit. Das Ziel wäre es, die Polarität zu überwinden, um zur Einheit zu kommen. In der Einheit fällt Alles und Nichts zusammen. Das ist dann der Zustand, den wir uns nicht vorstellen können: der Himmel im Christentum, das Tao der Chinesen oder das Neti Neti der Inder.

Lernen wir also, wertfrei wahrzunehmen. Nicht hinzusehen und sofort zu sagen gut oder schlecht, richtig oder falsch, brav oder böse. Was macht denn die Natur? Ist der Löwe böse oder schlecht, weil er andere Tiere frisst? Nein, der Löwe ist eben - weder gut noch schlecht.

Wenn Sie erkennen, dass alles, was auf sie zukommt (auch Unangenehmes), den Zweck hat, Sie in irgendeiner Form weiterzubringen, dann haben Sie etwas sehr Wichtiges schon geschafft: Sie sind bereit, Ihren Schatten zu akzeptieren und anzunehmen. Sie können dann hinter verschiedenen äußeren Formen im Leben einen Inhalt erkennen. Sie werden also nicht von den Umständen beeinflusst, sondern davon, wie Sie auf diese Umstände reagieren.

In vielen Fällen verstehen wir hinterher die Botschaft leichter. Machen Sie sich deshalb immer wieder einmal bewusst, welcher Inhalt (und somit auch welches Ziel) sich hinter bestimmten mehr oder weniger lang zurückliegenden Lebensumständen verborgen hat. Auch wenn es sich dabei um sehr unangenehme Schicksalsschläge handelt. Bitte bedenken Sie, angenehm heißt nicht grundsätzlich gut und unangenehm heißt nicht grundsätzlich schlecht. Oft bringen uns gerade die unangenehmen Lernprozesse im Leben ein großes Stück weiter.

Wir urteilen und sagen, Krankheit sei schlecht. Warum? Wer hat das festgesetzt. Natürlich sind Krankheiten unangenehm und uns nicht gerade willkommen. Auch die Krankheit birgt eine Botschaft (einen Lernprozess) in sich und will auf etwas aufmerksam machen: *"Verändere etwas in deinem Leben."* Krankheit und Gesundheit gehören in der Polarität zusammen. Es gibt heute die besten medizinischen Diagnose- und Therapieverfahren, es gibt heute die besten Arzneimittel - haben wir weniger Kranke? Nein, je mehr wir für die Gesundheit tun, desto mehr nähren wir auch den Pol der Krankheit. Sind wir krank, gibt uns der Arzt ein Heilmittel, das uns wieder 'heil' (ganz) machen soll, oder anders gesagt, wir erhalten ein 'Remedium', das uns wieder zur Mitte (remedium, lat. = zurück zur Mitte) bringen soll. Anscheinend ist in uns etwas aus dem Lot, aus der Mitte geraten. Und das zeigt unser Körper an. Er ist wie eine Art Leinwand unseres Bewusstseins. Da wir es im Bewusstsein nicht erkennen können oder wollen, wählt es den Weg über den Körper. Nun steht es uns frei, die Symptome zu bekämpfen oder uns die Krankheit zum Freund zu machen und hinzusehen, was in uns zu ändern wäre ('liebet eure Feinde').

Natürlich geht dies nicht so einfach. Da wir das Thema ja gerade nicht im Bewusstsein bearbeiten wollen, hat es sich im Körper manifestiert. Und auf dieser Ebene wollen wir das Symptom loswerden. Die wenigsten

Kranken wollen gesund werden, sie wollen lediglich frei sein von Symptomen.

Ich will an dieser Stelle ganz deutlich sagen, dass ich kein Vertreter davon bin, eine Krankheit einfach 'positiv wegdenken' zu können. Das verspricht leider oft die verantwortungslose Auffassung von Leuten der halbgebildeten Esoszene. Die Thematik ist zu ernst, um mit einem 'Heile-Welt-Gesäusel' dranzugehen. Würden wir versuchen, Krankheit oder Symptome nur mit dem Geist behandeln zu wollen, sind wir ebenso einseitig wie die Schulmedizin, nur im anderen Pol. Die Schulmedizin behandelt das Symptom im Körper und gottlob haben wir so viele therapeutische Möglichkeiten und so viele Arzneimittel. Ich bin fast ausschließlich im pharmazeutischen Bereich tätig und schätze die Errungenschaften von Medizin und Pharmazie sehr. Wir brauchen beide Wege, den einen, um lebenserhaltende Maßnahmen durchzuführen und Symptome schneller aufzulösen, den anderen, um wirklich zu einer Heilung im Sinn von 'salus = Heil' zu kommen. Hilfreich beim Suchen nach der Lernaufgabe von Krankheiten sind Fragen, wie: *"Wozu bekomme ich gerade diese Krankheit, warum gerade jetzt, warum gerade ich, wozu zwingt sie mich und wovon hält sie mich ab?"*

Wir gelangen zu einem Thema, das oft in seiner Tragweite nicht erkannt wird:

Form und Inhalt

Hinter jeder Form verbirgt sich ein Inhalt. Im ersten Moment sagt dieser Satz noch wenig aus, lassen Sie uns einige einfache Beispiele dazu betrachten. Sie fahren mit dem Auto durch die Stadt, kommen an eine Kreuzung und halten an, weil die Ampel rot ist. Sie wissen, dass sich hinter der Form (die rote Ampel) ein Inhalt verbirgt (stehen bleiben und warten). Bei Grün fahren Sie weiter und kommen an einen Zebrastreifen. Dort wollen einige Passanten die Straße überqueren und Sie bremsen, da Sie wissen, ein Fußgänger hat bei diesem Zeichen das Vorrecht und der Autofahrer muss anhalten. Bei Ihrer Weiterfahrt fällt Ihnen auf, dass Sie sich auf der falschen Fahrbahn eingeordnet haben. Sie setzen den Blinker, sehen in den Rückspiegel und können die Spur wechseln, da der Fahrer hinter Ihnen den Inhalt der Botschaft Blinker erkannte und auf die Bremse gedrückt hat. Hinter jeder Form haben Sie den Inhalt verstanden.

Nun stellen Sie sich vor, auf dem Beifahrersitz hätte ein australischer Buschmann Platz genommen, dem die hoch entwickelte Welt vollkommen fremd ist. Er kann absolut nicht verstehen, warum Sie bei einem kleinen leuchtenden Sonnenuntergang anhalten, warum Sie bremsen, wenn die Straße eine Kriegsbemalung hat oder warum Sie nach links fahren, wenn ein kleines gelbes Feuer vorne und hinten am Auto flackert.

Sie fahren weiter und plötzlich leuchtet die Ölkontroll-Lampe auf. An der nächsten Tankstelle bitten Sie den Tankwart, Ihnen bei diesem Problem zu helfen. Er lächelt

Sie freundlich an, klappt das Armaturenbrett herunter, schraubt das Birnchen heraus und erklärt, *"alles erledigt, die Lampe brennt nicht mehr, Sie können weiterfahren"*.

Gesagt, getan, es läuft großartig, nur nach 20 km wandert die Temperaturanzeige in den roten Bereich. Sie suchen wieder die nächste Tankstelle auf, der Mechaniker weiß schnell Rat: Er biegt die Nadel in den grünen Bereich zurück und fixiert sie mit einem Tesastreifen. Nun können Sie wieder weiterfahren, genau so gut - nur nicht mehr lange.

Für den australischen Buschmann wäre diese Art der Hilfe wohl sehr einleuchtend gewesen. Sie hätten so etwas natürlich nicht machen lassen, weil Sie wissen, hinter der Form 'aufleuchtende Ölkontrolllampe' verbirgt sich die Botschaft 'Öl nachfüllen'. Sie wollten ja nicht nur, dass die Lampe nicht mehr brennt, sondern dass die Ursache dafür beseitigt wird. Das Aufleuchten der Lampe zeigt ja gerade, dass sie funktioniert.

Generell handeln die meisten Menschen beim Auto verantwortungsvoller als beim eigenen Körper. Sie fahren regelmäßig zur Inspektion, noch bevor ein Schaden auftritt. Beim Körper warten die meisten so lange, bis er nicht mehr richtig funktioniert. Warum auch vorher nachsehen? Außer bei den Zähnen. Dort lassen wir alle 6 Monate 'Kundendienst' machen und alle Schäden peinlich genau reparieren. Warum? Weil es sich hierbei um einen relativ repräsentativen Bereich handelt, den andere Menschen schnell wahrnehmen und werten können.

Ähnliches passiert mit dem Haus oder der Wohnung. Hier wird für das standesgemäße Aussehen und die Werterhaltung weit mehr getan als für den eigenen Körper. Wenn dann letzterer wegen mangelnder Fürsorge streikt, geht's mit einem überheblichen Anspruchdenken zum Arzt: *"Herr Doktor, Sie müssen mir doch helfen. Außerdem bezahle ich seit Jahren astronomische Summen in die Krankenversicherung ein, jetzt steht mir etwas Ordentliches zu."* Frei nach dem Motto: 'Mach du etwas, dass ich wieder gesund werde, denn ich bin selbst nicht bereit, mich zu verändern und einen Beitrag zu leisten.' Würden wir nur annähernd so pfleglich mit dem Körper umgehen wie wir es beim Auto oder beim eigenen Haus tun, hätten wir wohl keine so 'kranken Kassen'.

Sehen wir im Leben genauer hin, können wir überall den Zusammenhang von Form und Inhalt erkennen. Z.B. bei der Körpersprache: Hinter den Signalen des Körpers lassen sich Inhalte erkennen. Wobei nie von einem einzigen Signal auf ein bestimmtes Verhalten geschlossen werden kann, sondern immer die Gesamtheit betrachtet werden muss. Zeigt jemand körperlich eine abwehrende Haltung, so ist seine geistige Einstellung im Moment ähnlich. Ein Mensch mit heruntergezogenen Mundwinkeln, hängenden Schultern und einem leicht gebücktem Gang wird nicht offen und fröhlich durchs Leben gehen. Der Körper kann nicht lügen - Samy Molcho sagte einmal dazu: *"Dein Körper spricht so laut, dass ich gar nicht höre, was du sagst."*

Machen Sie einen Versuch mit: Ziehen Sie die Mundwinkel nach unten, senken Sie den Kopf, lassen Sie die Schultern hängen, rollen Sie die Wirbelsäule ein und kauern Sie sich richtig ängstlich zusammen. Und nun sagen

Sie mit einer weinerlichen Stimme: *"Ich bin ein absolut erfolgreicher und motivierter Mensch."* - Oder Sie lächeln, ziehen die Augenbrauen nach oben und sagen mit einer überzeugten und klaren Stimme: *"Ich bin stinksauer."* Merken Sie, es passt nicht zusammen, ja es geht gar nicht, ohne dass Sie den 'Schwindel' wahrnehmen.

Ja sogar aus dem Gesicht einer Person können Sie viel über deren Leben lesen. Die Augen, die Nase, die Ohren, die Kopfform usw. sind nicht willkürlich so geworden, sondern vermitteln eine bestimmte Botschaft über das Leben. Kenntnisse der Physiognomie sind für die Selbsterkenntnis und die Menschenkenntnis eine hervorragende Hilfe. Ganz allgemein gilt, wir können andere nur in dem Maße erkennen, wie wir uns selbst erkennen. Deshalb ist auch hier wieder angesagt, bei sich selbst zu beginnen.

Anhand der Sprache kann man die Gesetzmäßigkeit von Form und Inhalt ebenso erklären. Durch die Sprache (die Form) lässt sich ein Inhalt ausdrücken. Da es eine Vielzahl von Sprachen gibt, ist es möglich, einen ganz bestimmten Inhalt durch unterschiedliche Formen mitzuteilen. Welche Sprache ich auch wähle, der Inhalt bleibt in diesem Beispiel immer derselbe. Ähnlich verhält es sich mit den verschiedenen Schriftarten und Schriftgrößen. Die Information, die Sie durch einen bestimmten Text erhalten, bleibt gleich und verändert sich nicht dadurch, ob er in einer Times-Schrift oder Helvetica in 10 oder 20 Punkt gedruckt steht. Die Form ist also variabel, der Inhalt bleibt. Das lässt sich nun ebenso auf unser Leben übertragen. Die Lebensumstände sind wieder die äußere Form, die einen speziellen Inhalt vermittelt, wobei es möglich ist, dass scheinbar unterschiedliche Formen den gleichen Inhalt vermitteln. Ähnlich einem Glas Wasser, das in einen Bierkrug, in eine Blumenvase oder in eine Limonadeflasche gegossen wird. Die Form hat sich verändert, der Inhalt ist gleich geblieben. Auch umgekehrt können gleiche Formen (Lebensumstände) unterschiedliche Inhalte (Botschaften) vermitteln.

So schickt uns das Leben manchmal Botschaften, die wir nicht erkennen oder erkennen wollen. Nehmen wir die Aufforderung zum Verändern nicht wahr, ist das Leben gezwungen, eine deutlichere Botschaft zu senden, bis wir begriffen haben, was dahinter steckt.

Das Leben (der 'Dr. Alltag') ist ein zielsicherer und beharrlicher Lehrer. Jeden Hinweis, jede Botschaft, jeden Lernprozess muss das Leben so oft und so lange wiederholen, bis wir (durch die Erkenntnis oder durch das Leid) gelernt haben. Ein einfaches Bild dafür: Sie haben von einem Unternehmen eine Ware erhalten und nun liegt die Rechnung in Ihrem Briefkasten. Sie können sich entscheiden, diesen Brief zu ignorieren und wegzuwerfen, womit der Vorgang nicht erledigt ist, denn Sie haben die Rechnung ja selbst verursacht. Bezahlen Sie nicht, finden Sie nach einigen Wochen einen weiteren Hinweis bei Ihrer Post: *"Sicherlich ist es Ihrer geschätzten Aufmerksamkeit entgangen, dass der Betrag usw. usw."* Reagieren Sie wieder nicht, folgt eine Mahnung: *"Am Soundsovielten haben Sie dieunddie Waren von uns erhalten und der fällige Rechnungsbetrag wurde bis heute noch nicht ausgeglichen. Bezahlen Sie bis zum etc. etc."* Reagieren Sie immer noch nicht, folgt ein 'Binnenbrief': *"Wenn Sie nicht binnen 2 Wochen den Betrag von € xy bezahlen, wird unserer Rechtsabteilung ...*" Tun Sie dann immer noch nicht das Erforderliche, steht eines Tages der Vollstreckungsbeamte mit einigen netten Aufklebern vor der Tür.

Das Thema von Form und Inhalt bezieht sich ebenso auf Reichtum und Wohlstand. Als erstes sollten wir erkennen, worauf sich das Wort Reichtum bezieht: Ich meine damit nicht nur den materiellen Reichtum also Geld und Besitz, sondern noch ganz andere Faktoren, die uns reich sein lassen: Wissen, Fähigkeiten, Freundschaft, Liebe, Partnerschaft, Freizeit, Hobby, Erkenntnis, gute Laune und Fröhlichkeit, Gesundheit, Erfüllung im Beruf, Harmonie in der Familie, Ruhe und Gelassenheit, Ehrlichkeit.

Machen Sie sich wieder einmal bewusst, wie viel Reichtum Sie mit Ihrem Körper haben. Denken Sie nur an Ihr Gehirn. Es leistet in dieser Sekunde um ein Vielfaches mehr als die nächste Generation von Computern, die wir uns in ihrer Komplexität noch gar nicht vorstellen können. Niemand auf der Welt ist heute in der Lage, einen Computer zu bauen, der nur annähernd so schnell, so vielseitig, so groß in der Kapazität und doch so klein im Ausmaß, selbst programmierend, sich selbst wartend, transportabel und fortpflanzungsfähig ist wie Ihr Gehirn.

Oder nehmen Sie Ihre Sinnesorgane: Die Augen, die Ohren, der Tastsinn, der Geruchs- und Geschmackssinn, die Fähigkeit, feinstoffliche Energien und Bewegungen oder Temperaturunterschiede wahrzunehmen. Was würde eine Maschine mit dieser Ausstattung wohl kosten? Ließe sie sich bei dem derzeitigen Stand der Technik überhaupt bauen? Wissenschaftler in aller Welt arbeiten mit unbefriedigendem Ergebnis an einem Roboter, der sich nur halbwegs so bewegt wie ein Mensch.

In Ihren Zellen laufen mehr chemische Prozesse ab, als in allen chemischen Unternehmen der Welt zusammen. Ihr Körper besteht aus ca. 100 Billionen Zellen, die alle harmonisch zusammenarbeiten. Als Bild verdeutlicht entspricht das einem Unternehmen, das 15 x so viele Mitarbeiter hat wie diese Erde Menschen. Einstein, Sokrates, Goethe, Buddha oder Mozart hatten auch nur die gleichen Anlagen wie Sie und ich. Diese Leute waren sich allerdings ihrer potenziellen Fähigkeiten bewusst und haben viel daraus gemacht.

Materieller Reichtum in Form von Geld und Besitz wird sich erst dann im Außen widerspiegeln, wenn wir in unserem Inneren dieses Reichtumsbewusstsein leben. Es ist alles in diesem Universum da und wir sind Schöpfer und können uns das schöpfen, was wir wollen und was zu uns gehört - natürlich ohne es einem anderen auf unerlaubte Weise wegzunehmen. Wir leben in der Fülle und die Fülle gehört zu unserem Auftrag des Seins.

Sehen Sie sich einen Kirschbaum an: Zum Erhalten der Art würde es genügen, wenn der Kirschbaum alle 10 Jahre eine Kirsche produziert. - Die Natur lebt in der Fülle. Wenn wir im Mangelbewusstsein leben, dann haben wir es selbst verursacht. Wenig Geld zu haben, ist eine Form, hinter der sich ein Inhalt verbirgt: *"Du lebst im Mangelbewusstsein."*

Meist geschah es durch Programme, die uns daran hindern, in Reichtum und Wohlstand zu leben: 'Das steht mir nicht zu. - Geld verdirbt den Charakter, lieber arm und gesund als krank und reich. - Reiche Menschen sind Ausbeuter, Halsabschneider, fette Bonzen, Kapitalisten, arm und bescheiden zu sein, ist edel' oder was sonst noch.

Solange wir noch solche Programme in uns haben, verhindern wir zuverlässig Reichtum. Fühlen Sie sich wert, in Reichtum und Wohlstand zu leben. Überlegen Sie sich auch einmal, was Sie mit mehr Geld anfangen würden. Welchen Mehr-Nutzen könnten Sie Ihren Mitmenschen bieten, wenn Sie mehr Geld hätten. Wenn Sie darauf keine Antwort wissen, dann wäre es von der Schöpfung doch unsinnig, Ihnen mehr Geld in die Hand zu geben. Warum denn? Mehr Geld gibt es erst dann, wenn wir der Schöpfung zeigen, dass wir mit dem derzeitig verfügbaren Geld gut umgehen können.

Geld als solches ist weder gut noch schlecht, es erhält erst eine bestimmte Eigenschaft durch die Art, wie wir damit umgehen. Es gibt generell nichts Schlechtes, es sei denn, der Mensch macht es dazu. Und wieder sind wir bei dem Satz angelangt: Nicht die Dinge sind gut oder schlecht, sondern unsere Einstellung dazu.

Sich geistig mit dieser Denkweise auseinander zu setzen, bewirkt eine gewaltige Veränderung in Ihrer Ausstrahlung. Sie beginnen nämlich, Verantwortung für sich zu übernehmen und brauchen nicht immer anderen die Schuld für alles Mögliche zu geben (wir kommen im nächsten Kapitel noch intensiv zum Thema 'Macht und Schuld – das Zusammenspiel').

Noch ein Tipp, der Ihre Ausstrahlung verändern wird: Oft sind wir in Situationen, in denen wir sagen, *"das kann ich nicht"*. Gleichgültig ob es sich auf das Beherrschen einer Sprache bezieht, auf eine Fähigkeit oder Fertigkeit oder ob es darum geht, etwas zu lassen: das Rauchen, das Trinken, das Süßigkeiten-Essen o.ä. Der Satz, *"das kann ich nicht"*, verbraucht gewaltig Energie und lässt die Ausstrahlung zusammenbrechen. Fügen Sie ein kleines Wort ein und sagen Sie in Zukunft: *"Ich kann es noch nicht."* Und schon führen Sie dem Körper wieder Energie zu, verbessern Ihre Ausstrahlung und stärken Ihr Selbstbewusstsein. Alles, was Sie heute können, konnten Sie irgendwann noch nicht. Also, es lässt sich doch lernen.

Es gibt noch eine weitere Art, mit dem Satz, *"ich kann nicht"*, umzugehen. Oft höre ich in Seminaren von Teilnehmern: *"Das kann man doch nicht machen - man kann doch nicht einfach kündigen - man kann doch nicht einfach der Party fernbleiben - man kann doch nicht den Abend mit den Müllers absagen - man kann doch nicht dem Nachbarn die Hilfe verweigern"* usw. Ich frage dann sehr provokativ zurück: *"Können Sie nicht oder wollen Sie nicht?"* Eine sehr heilsame Erkenntnis folgt: Natürlich können wir uns ganz anders verhalten, nur trauen wir uns vieles nicht zu machen, weil wir die Folgen fürchten und verstecken uns hinter dem ach so edlen Satz *"man kann nicht"*.

Schon der Ausdruck 'man' zeigt die Flucht in die Anonymität und lehnt jegliche Verantwortung ab (ehrlicher wäre der Satz: *"Ich will nicht, weil ..."*).

Natürlich können Sie kündigen, aber Sie haben Angst, keine bessere Stelle zu bekommen (und mit dieser Angst im Bauch werden Sie dann auch keine finden). Natürlich können Sie einfach nicht zur Party gehen, aber Sie fürchten, dass Sie dann nie mehr eingeladen werden und dass die anderen eine schlechte Meinung von Ihnen haben. Natürlich können Sie den Abend mit den Müllers absagen, aber Sie glauben, dass dies negative Folgen auf Ihre Karriere hat.

Wir tun oft Dinge und glauben, es sei ein MUSS, nur weil wir die Konsequenzen nicht ertragen wollen, die sich ergeben, wenn wir es nicht tun.

Ich erzähle manchmal im Seminar eine Geschichte, die mir immer wieder hilft, mich selbst zu erkennen: Zwei Menschen sitzen im Zugabteil. Beim Halt an einem Bahnhof steht der eine auf, zieht das Fenster herunter, sieht hinaus und jammert: *"Um Gottes willen, nein, das gibt es doch gar nicht, es ist einfach furchtbar."* Er schiebt das Fenster wieder nach oben und nimmt Platz. Am nächsten Bahnhof wiederholt sich die Prozedur. An fünf Stationen wiederholt sich das gleiche Spiel. Plötzlich wird es dem anderen Mitreisenden zu bunt und er fragt: *"Was haben Sie denn, ist Ihnen schlecht, haben Sie Schmerzen oder kann ich Ihnen irgendwie helfen?"* Darauf antwortet der erste: *"Nein, ich hätte schon lange aussteigen sollen und bei jedem Bahnhof merke ich, dass ich mich immer weiter von meinem Zuhause entferne."* Daraufhin fragt der zweite ganz erstaunt: *"Und warum steigen Sie nicht aus?"* - Die Antwort des ersten: *"Es ist halt so schön warm hier drin."* - Eine wirklich eigenartige Geschichte. Ich finde mich allerdings vielfach darin wieder. Wie oft hätte ich schon irgendwo aussteigen sollen, wie oft hätte ich schon etwas an Situationen verändern sollen und habe es nicht getan, nur weil es halt 'so schön warm hier drin' war. Wir verharren in der Sicherheit des vertrauten Elends, weil wir Angst vor der Veränderung haben. Lieber akzeptieren wir eine unbefriedigende Situation, als in die Unsicherheit zu gehen.

Folgende Einwände höre ich dann im Seminar von den Teilnehmern: *"So einfach ist das ja nicht, wir müssen doch zur Schule gehen - wir müssen doch Geld verdienen - wir müssen doch für jemanden sorgen."* Die Antwort heißt: NEIN. Wir müssen nicht zu Schule gehen. Wir könnten dorthin auswandern, wo keine Schulpflicht besteht. Wir müssen kein Geld verdienen, wir könnten ebenso von der Sozialhilfe leben. Wir müssen auch nicht für jemanden sorgen, sondern könnten ihn der Gemeinschaft überlassen. Hinter unserer 'so großherzigen Hilfe' verstecken sich oft sehr egoistische Gründe. Wir helfen anderen, damit sie uns dankbar sind - am besten ein ganzes Leben lang, ja das kommt manchmal schon einer Vergewaltigung gleich nach dem Motto: *"Du musst mir doch dankbar sein, weil ich alles für dich tue."* Heißt übersetzt: *"Hilfe, ich will geliebt werden, am besten von anderen, weil ich mir diese Liebe selbst nicht gebe."*

Erkennen Sie bitte, dass es im Leben kein MUSS gibt. Entweder Sie tun etwas mit Freude oder Sie lassen es. Wenn Sie jemandem helfen wollen, dann tun Sie es - aber nur dann, wenn Sie es gern tun und dafür keinen Dank erwarten. Wir sollten uns mehr von der Freude leiten lassen. Was wir mit Freude machen, das machen wir meistens gut. Und was wir gut machen, dient zu unserer Weiterentwicklung und kann anderen Menschen nützen.

Die Kraft der Entscheidung

Die Entscheidungen, die Sie früher getroffen haben, bestimmen jetzt Ihr Leben. Wollen Sie in der Zukunft besser leben, ist es erforderlich, jetzt bessere Entscheidungen zu treffen. Jede Entscheidung beeinflusst unser Leben. Denn jeder Aktion geht - bewusst oder unbewusst - eine Entscheidung voraus. Die heutigen Entscheidungen formen das Leben der Zukunft. Nutzen Sie diese Kraft. SIE entscheiden, wofür es sich lohnt, sich einzusetzen, SIE entscheiden, worauf Sie Ihre Aufmerksamkeit lenken wollen, SIE entscheiden, was aus Ihnen wird und SIE entscheiden, ob Sie in Ihrem Leben glücklich sind.

Hier drei Entscheidungen für Sie, die Sie jeden Tag bewusst treffen können und die Ihr Leben grundlegend beeinflussen. Entscheiden Sie sich,

- worauf Sie sich heute konzentrieren wollen,
- welche Bedeutung Sie den Dingen beimessen,
- was Sie bereit sind, für Ihre Ziele zu tun.

Sie sehen, eine positive Ausstrahlung lässt sich erlernen oder trainieren, denn sie entsteht durch die Persönlichkeits-Entwicklung. Vielleicht dauert dieser Weg eine bestimmte Zeit, das ist unerheblich. Entscheidend ist nur, wann Sie sich auf den Weg zu machen. Jetzt oder am St. Nimmerleinstag. Wir sehen uns im Folgenden drei grundlegende Faktoren für die positive Ausstrahlung an:

1. Die positive Einstellung zu sich selbst
2. Die positive Einstellung zum Beruf
3. Die positive Einstellung zu Mitmenschen

Die positive Einstellung zu sich selbst

Eigenliebe

"Liebe deinen Nächsten wie dich selbst", sagt Christus. Eigentlich wäre es so einfach und doch ist es so kompliziert. Der wichtigste Teil des Satzes sind wohl die drei letzten Worte 'wie dich selbst'. Um also überhaupt den Nächsten lieben zu können, wäre es erforderlich, UNS selbst zu lieben - UNS selbst zu akzeptieren - UNS so anzunehmen, wie wir sind, mit allen Ecken und Kanten. Wer kann das schon von sich behaupten? Oft wollen wir beim NÄCHSTEN beginnen, ihn zu lieben und zu achten. Nein, bei der Eigenliebe sollten wir anfangen, auch wenn wir gelernt haben, dass die Nächstenliebe eine so große Tugend ist. Sie wird nur funktionieren, wenn die Eigenliebe und die Selbstachtung im rechten Lot stehen. Nur wer sich selbst wertschätzt, tut dies auch mit anderen. Was zeigt denn oft die Realität? Wir leben mit einer permanenten Mängelliste: *"Ich bin zu klein, ich bin zu groß, ich bin zu jung, ich bin zu alt, ich bin zu dick, ich bin zu dünn, ich habe zu wenig Bildung, ich sehe zu schlecht aus, ich bin zu langweilig, ich bin zu träge, ich bin zu aktiv, ich kann dies nicht, ich kann jenes nicht ..."*

Ja, es beginnt schon morgens im Badezimmer. Glücklicherweise besuchen wir jeden Morgen unsere zwei größten Feinde: die Waage und den Spiegel (für manche Menschen beginnt das Morgengrauen mit dem ersten Blick in den Spiegel). Wir stellen fest, hier ein paar Pfunde zuviel, am Bauch schwabbelt es schon wieder und - oh Gott - die Fältchen sind auch schon sichtbar. Solche Gedanken kosten Energie und tragen wohl nicht zur Eigenliebe bei.

Erstaunlicherweise benutzen wir in unserer Ausdrucksweise den richtigen Satz für unsere morgendliche Aktion im Badezimmer: *"Ich gehe ins Bad und mach' mich fertig."* - Genau, wir machen uns fertig! Hier holen wir uns die ersten negativen Emotionen ab. Haben wir also ein positives Bild von uns oder ein negatives? Wer am Monatsende zurücksieht und voller Stolz kundtun kann: *"Ich war in diesem Monat wieder rücksichtsvoll zu allen Menschen!"*, der hat meistens einen vergessen: sich selbst.

Sondermüll für die Seele

Wir haben gelernt, im Leben schneller das Negative zu erkennen als das Positive. Sehen Sie sich die Zeitungen an, hören Sie die Nachrichten im Rundfunk oder im Fernsehen. Was erfahren Sie? Doch stets die negativen Seiten. Positive Nachrichten interessieren niemanden. Fragen wir uns, warum wir uns so gern negative Nachrichten ansehen. In uns findet laufend ein Vergleich mit anderen statt. Hören wir nun von Katastrophen und Unglücken, stellt unser Unterbewusstsein zufrieden fest, dass es uns doch noch besser geht als diesen Menschen. Doch Vorsicht! Das Unterbewusstsein kennt keinen Unterschied zwischen Vorstellung und Realität. Alles was wir aufnehmen, wird für uns zur Realität. So ist unsere Welt. Es gibt keine absolute Realität, jeder bastelt sich sein Bild der Welt. Wer am Abend mit den drei Leichen aus dem Spätkrimi des Fernsehens ins Bett geht, der träumt gelegentlich schlecht, denn das Unterbewusstsein arbeitet weiter (es braucht keinen Schlaf) und stellt unentwegt unser Weltbild zusammen. Machen Sie doch einen einfachen Versuch: Lesen Sie vier Wochen lang täglich die einschlägigen Zeitschriften der Yellow-Press und sehen Sie sich täglich - am besten bei den Privatsendern - die allabendlichen News- und Talk-Shows an (Spiegel TV, Focus, Stern, Explosiv ...). Nach diesen vier Wochen hören Sie tief in sich hinein und fragen sich, welches Bild dieser Welt sie haben. Ein katastrophales! - Die darauf folgenden vier Wochen schotten Sie sich vom Negativen ab, lesen keine Zeitung, sondern Bücher über erfolgreiche Persönlichkeiten und führen mit den Menschen aufbauende Gespräche. Dann hören Sie wieder in sich hinein und prüfen Ihr Weltbild. Es hat sich vollkommen verändert. Hat sich denn die Welt verändert? Nein, nur das, worauf Sie den Scheinwerferkegel Ihres Bewusstseins lenken. Ihr Interesse steuert die Wahrnehmung. SIE allein entscheiden, was SIE wahrnehmen wollen, worauf SIE Ihre Gedanken richten und was für SIE zur Realität wird.

Ich will um Gottes willen nicht propagieren, keine Nachrichten zu hören und keine Zeitung zu lesen, ich will Ihnen nur verdeutlichen, dass wir selbst dafür verantwortlich sind, was wir aufnehmen, wie wir diese Welt sehen wollen. Es heißt auch nicht, ab sofort nur mehr das Positive wahrnehmen zu wollen (das wäre genauso einseitig), sondern es bedeutet, Verantwortung für uns selbst zu übernehmen und zu entscheiden, wie unser Weltbild aussehen soll. Aus meiner Erfahrung kann ich sagen (und ich bin mit meinen Seminaren in ganz Deutschland unterwegs), so schlimm wie oft dargestellt, kann unsere Welt gar nicht sein. Ich treffe überall auf sehr freundliche

Menschen und erlebe quer durch das ganze Land herrliche Gegenden. Mir macht es richtig Spaß, hier zu leben!

Noch ein Wort zum Thema Information. Sie ist wertlos und nur Ballast, wenn wir nicht in irgendeiner Form sinnvoll damit umgehen. Was nützt es mich zu erfahren, dass Menschen in einer Schneelawine verschüttet sind, dass ein Passagierschiff gesunken ist oder dass bei einer Explosion in einer Firma zehn Menschen ums Leben gekommen sind? Das ist Überschwemmung von Fremdleid in einer bequemen massenmedialen Anlieferung. Noch schlimmer wird es, sich diese Nachrichten gleich fünf mal täglich zu verabreichen. Das Unterbewusstsein weiß nicht, dass es sich ständig um die gleiche Nachricht handelt, es addiert nur die negativen Signale für das eigene Weltbild. Dieses Verhalten kostet enorm Energie und schwächt die persönliche Ausstrahlung. Eine Entscheidung muss getroffen werden: *"Tue ich etwas für diese Menschen oder tue ich nichts."* Ob ja oder nein, es ist o.k., nur getroffen werden sollte sie. Bei der Entscheidung, 'nein' macht es deshalb keinen Sinn, sich diese Nachricht noch fünfmal anzusehen. Die Medien verstärken, was tief in uns verwurzelt ist: Die Ängstlichen werden noch ängstlicher, die Aggressiven noch aggressiver. Wer gewaltbereit ist, sieht sich gern solche Szenen an, weil sie seine Stimmung verstärken. Im deutschen Fernsehen sind pro Woche viele Stunden Szenen körperlicher Gewalt zu sehen. Wenn Sie für dieses Thema sensibel werden, so spüren Sie im Laufe der Zeit, wie viel Energie Ihnen durch solche Sendungen entzogen wird. Mit dieser Darstellung will ich keineswegs die Medien verurteilen (sie haben ebenso viele positive Seiten), sondern nur an unsere Verantwortung appellieren, mit uns selbst liebevoll und verantwortungsbewusst umzugehen.

Testen Sie einmal selbst, was in Ihnen passiert, wenn Sie sehr negative Nachrichten aufnehmen. Lesen Sie folgenden Text und spüren Sie in sich hinein:

"Guten Abend meine Damen und Herren. Hier die Meldungen. Die Arbeitslosigkeit hat in der Bundesrepublik ein neues Rekordhoch erreicht. - Ein Massaker im Irak forderte mehr als hundert Todesopfer. - In Amerika hat ein Selbstmord-Attentäter bei einem Amoklauf 15 Menschen mit in den Tod gerissen. - Nach schweren Überschwemmungen, verursacht durch das El-Nino-Wetterphänomen, ist in Peru und Bolivien die Cholera ausgebrochen. - In China wurden 30 wegen Drogenhandels und Zuhälterei verurteile Männer öffentlich hingerichtet. - Das Wetter: neblig trüb, anhaltender Regen und für die Jahreszeit zu kalt. Ich wünsche Ihnen noch einen schönen Abend."

Na, wie fühlen Sie sich? - Sondermüll für die Seele! Entscheiden Sie also in Zukunft, worauf Sie sich konzentrieren wollen. Eine Geschichte von zwei Mitarbeitern in einem Unternehmen: Herr Fröhlich steht morgens frohgemut auf, hört sich im Bad beschwingte Musik an, bereitet sich dann gemütlich sein Frühstück zu und fährt mit dem Auto zur Arbeit. Er freut sich über den schönen Tag und setzt sich gut gelaunt an seinen Schreibtisch. Herr Ärgerlich schreckt auf, als der Wecker zum dritten Mal läutet: *"O shit, verschlafen."* Er quält sich aus dem Bett, sucht seine völlig verdreckte Brille und schlappt müde mit einem ekelhaften Geschmack im Mund ins Badezimmer, wo er feststellt: *"Verdammt noch mal, ich bin ja irgendwie total verspannt."* Sein Kopf bräuchte heute einen orthopädischen Hut, er kippt schnell - der Fernseher läuft inzwischen mit den aktuellen Nachrichten - einen Kaffee hinunter und liest dabei die Schreckensberichte in der Tageszeitung. Entnervt wegen des überfüllten Busses kommt er etwas spät im Büro an und wünscht Herrn Fröhlich ein mürrisches *"Moin"*. Dann packt er aus: *"Hast du schon gehört, was in den Nachrichten wieder alles los war? Und überhaupt, jetzt wollen sie uns die Sonderprämie kürzen, so eine Ungerechtigkeit. Übrigens, meine Tante lässt sich nun doch scheiden - ach ich sag dir, im Bus hat es heute so penetrant gestunken, total überfüllt, was die einem zumuten, es ist unmöglich, die Welt ist wirklich besch..."* Herr Fröhlich sinkt immer mehr in sich zusammen und nach fünf Minuten ist er auch der festen Überzeugung: *"Stimmt eigentlich, es ist wirklich alles besch..., warum war ich heute nur so fröhlich, es gibt wirklich keinen Grund dazu."* Schlechte Laune und eine miserable Ausstrahlung stecken an und zwar stärker, als es gute Laune und eine positive Ausstrahlung tun.

"Liebe deinen Nächsten wie dich selbst" stellt sogar eine unüberhörbare Aufforderung zum Egoismus dar. Nun hat der Egoismus bei uns ein schlechtes Image. Gehen wir weiter in die Tiefe, dann erkennen wir, dass die treibende Kraft hinter dem Egoismus die Aggression ist. Und da kommen wir der Sache auf den Grund. Die Aggression genießt bei uns einen sehr schlechten Ruf, weil wir damit generell etwas Negatives verbinden: Kriege, Aufstände, Gewalttaten, Demonstrationen, Amokläufer, Streiten, Kratzen, Beißen, Schlagen u.v.m. Da stauen sich Aggressionen so enorm auf, dass sie sich in einer so (psychologisch) unerlösten Form entladen. Auswüchse unserer Gesellschaft seien hier als traurige Zeugnisse genannt:

Attentate, Gewaltaktionen der Neonazis oder Friedensaktivisten, Ausländerfeindlichkeit u.v.m. Diese Art der Projektion ist in der Geschichte nicht neu, sondern läuft immer nach dem gleichen Muster ab. Vor 70 Jahren wurde auf die Juden projiziert, zur Zeit der Inquisition auf die Frauen usw.

Allerdings ist das nur die eine Seite der Aggression. Das Wort kommt aus dem Lateinischen und beinhaltet sehr schön die beiden Seiten in der Polarität der Aggression: angreifen, überfallen - aber ebenso heranschreiten, sich nähern, angehen. Das wäre die (psychologisch) erlöste Seite: Das Leben mit Biss angehen, die heißen Eisen schmieden und mutig die ersten Schritte tun. Auch der Sport bietet eine wunderschöne Plattform, auf einer angenehmen Ebene dieses Thema zu bearbeiten, das tief in uns sitzt und das wir so in den Schattenbereich drängen, dass es sich immer mehr schon auf der körperlichen Ebene äußern muss, um Beachtung zu finden (wir lernen eben durch die Erkenntnis oder durch das Leid).

Alle Krankheiten, die mit 'itis' enden, zeigen einen Kampf im Körper. Sogar bei Allergien (jeder dritte Bundesbürger ist bereits davon betroffen!) lässt sich ein Zusammenhang mit der Aggression feststellen, auch Autoimmunerkrankungen haben damit zu tun. Es braucht viel Mut, sich dem Thema der Aggression aktiv zu stellen und einmal in die eigenen Aggressionen hineinzuspüren. Meist wollen wir sie ja gar nicht wahrhaben, nach dem Motto: *"Ich und aggressiv - niemals, ich kann keiner Fliege etwas zu Leide tun."* Na ja, besonders mit einer solchen Einstellung sollten wir schon genauer hinsehen, wo wir etwas unterdrücken (deprimere = hinunterdrücken, unterdrücken) und nicht verarbeiten.

Stärken und Schwächen

Mal ehrlich, würde ich Ihnen zwei Blätter in die Hand drücken mit der Bitte, Sie mögen auf das eine Blatt Ihre Stärken und auf das andere Blatt Ihre Schwächen schreiben. Wo würden Sie zu schreiben beginnen? Die meisten Menschen fangen bei ihren Schwächen an. Klar, die werden uns doch ständig von den anderen vor Augen gehalten *("das kannst du nicht, hierfür bist du auch zu ungeschickt, du bist so launenhaft, du isst zuviel, du bist unsportlich, du kannst schlecht rechnen ...")*. Wir haben gelernt, viel intensiver unsere Schwächen wahrzunehmen. Außerdem kommen beim Aufschreiben der Stärken gleich einige Programme hoch: 'Eigenlob stinkt - Schuster bleib bei deinen Leisten - gib nicht so an - bescheiden zu sein, ist edel etc.' Viel zu oft versuchen wir, ständig unsere Schwächen ausbügeln zu wollen. Das dauert lange und ist zum Teil recht lästig!

Gehen Sie einen Weg, der Ihre Ausstrahlung kolossal verändert: Überlegen Sie intensiv, welche Stärken Sie haben. Und nun beginnen Sie, Ihre Stärken weiter auszubauen. Wenn Sie gut zuhören können, dann tun Sie es in Zukunft noch bewusster im Wissen, der andere erzählt etwas, das genauso Sie betrifft. Wenn Sie gut kochen können, dann üben Sie es in Zukunft noch liebevoller aus in dem Bewusstsein, eine Speise zu schaffen, die Energie, Harmonie und Freude erzeugt. Wenn Sie Menschen gut überzeugen können, machen Sie es in Zukunft noch kompetenter, damit im anderen ein gutes Gefühl entsteht,

Ihnen ehrlich vertrauen zu können. Wenn Sie gut organisieren können, dann handeln Sie in Zukunft noch strukturierter, damit viele Menschen sich ruhigen Gewissens auf Ihre Fähigkeit verlassen können. Wenn Sie gern musizieren, dann pflegen Sie in Zukunft diese Kunst noch leidenschaftlicher, damit Sie mit Ihren Emotionen andere bewegen können. Wenn Sie gern verkaufen, dann agieren Sie in Zukunft noch begeisterter, denn Ihre Kunden wollen sich auf den Nutzen verlassen können - und so fort.

Stellen Sie sich vor, Sie schuften ein Leben lang daran, die Schwächen auszubügeln. Sie brauchen dazu eine gewaltige Menge Energie und werden in diesen Bereichen immer nur zum Mittelmaß kommen - und haben obendrein keine gute Laune dabei. Bauen Sie zunächst Ihre Stärken aus, dann werden Sie in diesen Punkten die Spitzenklasse erreichen, und das mit viel Freude und guter Laune.

Sehen Sie Sportler an, sie führen uns dies deutlich vor Augen, nur übertragen wir diese Kenntnis zu wenig auf unseren Alltag. Ich will damit nicht ausdrücken, alle Schwächen so einfach unter den Tisch fallen zu lassen. Bevor Sie jedoch an die Schwächen gehen, stärken Sie zunächst Ihre Stärken. So bauen Sie viel mit Selbstwertgefühl auf. Wer hat überhaupt das Recht zu sagen, dies sei Ihre Stärke und jenes Ihre Schwäche? Niemand, nur Sie selbst. Sie bestimmen, ob Sie eine Eigenschaft als Stärke oder Schwäche einstufen.

Fehler – oh weh!

Erinnern Sie sich noch an Ihr erstes Diktat in der Schule? Vielleicht hatte es 50 Wörter. Sie haben sich abgemüht, bekamen dann die Arbeit vom Lehrer zurück und es stand groß und rot vermerkt: '4 Fehler'. Da stand nicht: '46 hast du richtig geschrieben und den Rest packst du auch noch!' Nein - da stand '4 Fehler'.

Und schon haben wir gelernt, uns auf die Fehler zu konzentrieren. Als kleines Kind waren wir ganz anders: Wir spielten mit Bauklötzchen und machten einen Fehler. Der Turm fiel zusammen. Wir lachten, erfreuten uns daran und versuchten es wieder. Einige Jahre später, als Schule und Erziehung uns geprägt hatten, verhielten wir uns anders. Wenn ein Fehler passierte, versuchten wir ihn sofort nach dem Motto, 'hoffentlich hat's keiner gesehen', zu vertuschen.

Wir haben Angst davor, einen Fehler zu machen. Dabei hilft uns der Fehler beim Lernen. Er ist ein kleiner Umweg und sagt uns ganz einfach, 'es fehlt noch etwas'. Nehmen wir in unserem Handeln das Fehlende dazu (was immer es sein mag: Ruhe, Ausdauer, Wissen, Gelassenheit, Liebe, Vorsicht, Einsicht, Nachsicht, Rücksicht, Geduld o.ä.), dann hat uns der Fehler ein Stück weiter gebracht. Wenn wir allerdings nur kräftig zu fluchen beginnen und uns ärgern, weil etwas schief gegangen ist, dann hat der Fehler seinen Sinn verfehlt und der Lernprozess wird erneut auf uns zukommen. Erkennen Sie, was abläuft? Wir haben irgendwann das Programm aufgeschnappt *"Fehler sind schlecht und sollten am besten ganz ver-*

mieden werden" und schon spulen wir in unserem Gehirn jahrelang diese Platte ab.

Das 'Hoppala' - wenn etwas schief läuft - stellt uns auf eine neue Plattform und lässt uns das Ziel wieder erkennen, das durch die Mauer des Fehlers verdeckt war. Ein Fehler darf also nicht das Ende einer missglückten Handlung sein, sondern der Beginn einer neuen Lösungsmöglichkeit. Er dient nicht dazu, einen Schuldigen zu suchen, sondern eine neue Perspektive zu schaffen, um für die Zukunft eine Verbesserung zu erreichen.

Die meisten Fehler, die wir machen, haben andere schon vor uns gemacht. Deshalb gilt: Der Kluge lernt aus seinen Fehlern, der Weise lernt aus den Fehlern anderer. Das Leben ist zu kurz, um alle Fehler selbst zu begehen.

Die Kraft der Gedanken nutzen

Unsere Gedanken haben eine enorme Kraft. Vielleicht haben sie schon Bücher von Dr. Joseph Murphy, Vincet Peale oder anderen gelesen. Dann wissen Sie, worum es geht. Jeder Gedanke hat die Kraft, sich zu verwirklichen. Gedanken sind dynamische Kräfte. Alles, was auf dieser Welt existiert, Häuser, Autos, Computer, Fabriken, Kleidung, Mondraketen oder Arzneimittel waren zuerst das Produkt von Gedanken.

Gedanken haben die Kraft, krank zu machen - sie können ebenso zuverlässig auch wieder gesund machen. Es kommt nur darauf an, wie wir denken und wofür wir diese enorme Kraft verwenden. Für das Unterbewusstsein ist jeder Gedanke, jedes Gefühl und jedes Bild ein Auftrag. Die Umstände werden durch die Gedanken bestimmt und nicht umgekehrt!

Formen Sie also in Ihrem Geist ein genaues Bild der Verhältnisse, die Sie haben wollen. Jeder Gedanke ist eine Ursache, der irgendwann wieder als Lebensumstand auf uns zurückkommt. Im Prinzip funktioniert es ganz einfach: Positive Gedanken bewirken positive Lebensumstände. Negative Gedanken bewirken negative Lebensumstände.

Gedanken sind unsichtbar, wir sind ständig von Gedanken umgeben. Ja, wir schaffen es gar nicht, nicht zu denken. Jeder Gedanke ist mit einem Gefühl verbunden: In Ihnen tauchen bestimmte Gefühle auf, wenn Sie vor Ihrem geistigen Auge das Bild von hungernden und Not leidenden Kindern sehen, wenn Sie sehen, wie Kriegsopfer brutal misshandelt und niedergemetzelt werden, wenn Sie sehen, wie grausame Menschenfresser einen anderen Menschen auffressen oder wenn Sie in Ihrem inneren Bild eine harmonische Familie sehen, die voll Erfüllung Weihnachten feiert, wenn eine junge Mutter ihr neugeborenes Kind liebevoll in den Armen hält oder wenn sich Scharen von zuversichtlichen Menschen um Mutter Theresa versammelten, um ihr in tiefer Dankbarkeit Ehre zu erweisen.

Jeder Mensch erlebt die Verknüpfung von Gedanken und Gefühlen individuell unterschiedlich. Der Partisan, der Vaterlandsverräter abschlachtet, hat dabei nicht das Gefühl, jemanden umzubringen. Er 'reinigt' seine Umgebung. Der Menschenfresser hat ebenfalls nicht das Gefühl, sich unethisch zu verhalten.

Der linguistische Etikettenschwindel ist ein weit verbreitetes Mittel, Gedanken und Gefühle zu beeinflussen. Einige Beispiele: Ob Sie 'Schlachtvieh' sagen oder 'feinste Filetspitzen', ob Sie von 'Kernenergie' oder 'Atomstrom' sprechen oder ob Sie eine 'menschliche Reinigungsaktion' oder einen 'Völkermord' durchführen, bleibt faktisch immer das Gleiche.

Kein Land dieser Erde hat einen Angriffsminister, sondern nur einen Verteidigungsminister. Komisch - ich frage mich nur, warum es Kriege gibt, wenn sich jeder nur verteidigen will? Neben der Müllkippe zu wohnen, verursacht ein ganz anderes Gefühl, als wenn jemand in der Nähe des Entsorgungsparks lebt. Früher gab es Müllmänner, heute gibt es nur noch Wertstoffsammler.

SIE allein bestimmen Ihre Gedanken, SIE allein entscheiden, was Sie den ganzen Tag lang denken wollen. Das ist doch großartig! Dann können SIE ja schon wieder sich selbst lenken. Lernen Sie also Gedankendisziplin. Fragen Sie sich bei Ihren Gedanken: *"Will ich diesen Gedanken jetzt denken? Trägt er dazu bei, mich meinen Zielen näher zu bringen?"* Das ist eine ernsthafte Trainingsmethode. Denn oft wiederholte Gedanken werden zu einer Denkgewohnheit.

Beschäftigen wir uns nun mit den Energien, die wir freisetzen. Wir haben drei Kräfteebenen in uns:

1. unsere Gedanken
2. unsere Worte
3. unsere Taten

Wir haben mit unserem Unterbewusstsein ein großartiges Instrument in uns und deshalb sollten wir die Programmiersprache beherrschen. Stellen Sie sich vor, es ist ähnlich wie bei Aladin und der Wunderlampe. Das Unterbewusstsein will uns jeden Wunsch erfüllen. Es hat allerdings einige Eigenheiten:

1. Es kennt keinen Unterschied zwischen uns und anderen. Alles, was Sie einem anderen Menschen wünschen, verursachen Sie zunächst für sich selbst. Wenn Sie Ihren unliebsamen Nachbarn alle Krankheiten der Welt an den Hals wünschen, dann haben Sie die deutliche Ursache gesetzt, selbst mit Leid und Pein konfrontiert zu werden. Wenn Sie dem Finanzamt keinen Pfennig vergönnen, haben Sie Geiz und Mangel für sich selbst verursacht. Und wenn Sie großzügig und liebevoll zu anderen Menschen sind, dann haben Sie die Grundlage für Fülle und Liebe in Ihrem Leben gesetzt.

2. Das Unterbewusstsein kennt keinen Unterschied zwischen Vorstellung und Realität. Das hat Vor- und Nachteile. Die Nachteile der negativen Programmierung haben wir oben besprochen. Der große Vorteil besteht darin, dass Sie Ihre Ziele als Bilder und Gefühle dem Unterbewusstsein eingeben können. Es wird daran arbeiten, alles umzusetzen.

3. Das Unterbewusstsein wertet nicht zwischen richtig und falsch, zwischen gut und böse. Es erhält Aufträge und führt sie aus. Hat es lange genug folgende Sätze wahrgenommen, 'das Leben besteht nun mal aus harter Arbeit - alle anderen wollen dich nur ausnützen, heute geht wieder alles schief - das schaffe ich nie', dann wird es solange diese Platte abspielen, bis es sein Ziel erreicht hat und den Erfolg verhindert hat. Irgendwann können wir uns dann stolz auf die Schulter klopfen und sagen: *"Siehst du, ich hab's ja gewusst, dass alle gegen mich sind, dass das Leben ein ewiger Kampf ist, dass man halt nicht alles haben kann und dass ich es nie schaffe"* usw. Aus diesem Kreislauf kommen wir nur heraus, wenn wir lernen, diese Programme zu erkennen, sie zu beseitigen und durch neue zu ersetzen.

Macht und Schuld – ein Zusammenspiel

Zwischen den Begriffen Macht und Schuld besteht ein direkter Zusammenhang. Stellen Sie sich eine Sanduhr vor, der obere Teil des Glases trägt die Aufschrift 'Macht', der untere Teil 'Schuld'. Je mehr Sand nach unten in den Bereich 'Schuld' läuft, desto weniger Sand hat der obere Teil 'Macht'. Ein praktisches Beispiel: Sie ärgern sich über einen Kunden oder einen Kollegen oder über Ihren Vorgesetzten, weil dieser schon wieder etwas getan hat, was Ihnen überhaupt nicht passt. Der Blutdruck steigt, eine ganze Stunde lang können Sie an nichts anderes mehr denken. Ja selbst am Abend sitzen Sie mit einer Stinkwut zu Hause und reizen Ihren Partner mit einigen bissigen Bemerkungen, bis dieser auch sauer wird, vor

Zorn dem kleinen Jungen eine Ohrfeige wegen einer Kleinigkeit verpasst, die normalerweise nie zu solchen Handlungen führt. Nachdem der Junge nun auch sauer ist, tritt er in seinem Groll den Hund, der wiederum läuft hinaus und beißt den Nachbarn ins Bein.

Die Geschichte mag etwas übertrieben sein und doch zeigt sie einen wahren Kern. Unterdrückte Aggressionen stauen sich auf und entladen sich dann anderswo in übertriebenen Reaktionen. Was ist passiert? Wir haben dem Kunden (Kollegen, Partner, Autofahrer, Vorgesetzten etc.) die Schuld gegeben für unseren Ärger. Im unteren Teil der Sanduhr erhöht sich das Volumen (wir verteilen Schuld), im oberen Teil schwindet es, die Macht über sich selbst ist weg. Sie liegt beim anderen Menschen. Nicht Sie bestimmen Ihre Gedanken, Gefühle und Handlungen, sondern der andere. Dieser Mensch hat die Macht über Sie und entscheidet, ob Sie einen fröhlichen Abend verbringen dürfen oder ob Sie sich ärgern sollen.

Ist das nicht der absolute Wahnsinn? Wir haben die Verantwortung für uns abgegeben - eine Affenfalle, die täglich mehrmals zuschnappt, ohne dass wir uns darüber bewusst sind. Das können Sie deutlich bei anderen beobachten (dort erkennen wir es leichter, bei uns selbst ist es grundsätzlich etwas gaaaanz anderes).

Einige weitere Beispiele aus dem täglichen Leben: Ein Mensch geht an einem Wintermorgen auf die Straße und fällt wegen eines vereisten Bürgersteigs auf seinen Allerwertesten. Die erste Frage, die sich diese Person stellt, lautet nicht *"warum gehe ich heute völlig unbedacht mit dem falschen Schuhwerk nach draußen?"* - nein - die meisten werden sofort fragen "*wer ist hier räum- und streupflichtig?*" - Ein deutscher Richter(!) hat CocaCola und Ferrero verklagt, da er nach jahrelangem in sich Hineinstopfen von Cola, Rider, Mars und Snickers Diabetes bekommen hat. - In Amerika sind gerade wieder große Prozesse gegen die Tabak-Industrie gelaufen. Da kann man sich die Lunge kaputt rauchen und anschließend die Zigaretten-Hersteller zur Verantwortung ziehen? - Vielleicht erinnern Sie sich an den Musterprozess, der vor vielen Jahren in Amerika für Aufsehen sorgte: Eine Frau ging mit ihrem Pudel spazieren und als beide vom Regen durchnässt zu Hause ankamen, setzte sie den Pudel in die Mikrowelle, um ihn zu trocknen. Da der Hund die Prozedur natürlich nicht überlebte, klagte die Frau gegen die Herstellerfirma - und bekam Recht.

Ist das nicht der krönende Beweis, in welch mangelhafte Eigenverantwortung wir uns oft flüchten? Das deutsche Produkthaftungsrecht liefert unzählige Beispiele zu dieser Thematik.

Am Thema Verantwortung scheitern Menschen, die ständig andere für ihr Tun verantwortlich machen wollen. Leute, die sich morgens schon über das schlechte Wetter ärgern, die über den überfüllten Bus lästern, die sich über die unmotivierten Kollegen aufregen, die sich in der Arbeit falsch eingesetzt fühlen, die ungünstigerweise immer zu den Stoßzeiten einkaufen müssen, denen das abendliche Fernsehprogramm nicht passt, die auf den verregneten Urlaub schimpfen oder sonst etwas. Immer sind doch die anderen schuld. Wer anderen die Schuld gibt, braucht sich selbst nicht zu ändern. Und dann kommt noch der krönende Satz: *"Da kann man doch nichts machen."* Jammern hat sich leider zu einem Gesellschaftsspiel auf höchstem Niveau entwickelt. *"Jammern ist Zeichen geistiger Windstille"* (Josef Schmidt), es bewegt nichts und verbessert nichts. Jammern hat allerdings den Vorteil, die Gesellschaft anderer Menschen zu bewirken. Wer jammert, ist nie allein. Sofort gesellen sich Leute dazu und jammern mit.

Oft sind Sätze zu hören: *"Die Umstände sind so schlecht"* oder *"ich hatte eine sehr schwere Jugend"* - es mag sein, dass jemand eine unangenehme Jugendzeit hatte und ich bin mir bewusst, dass dies ein hartes Schicksal ist. Doch Vorsicht, dieser Satz kann leicht zu einer billigen Ausrede dafür werden, sich von der eigenen Verantwortung loszusagen und eine brillante Bühne für Selbstmitleid zu schaffen. Möglicherweise sind auch die Umstände nicht gerade rosig, allerdings darf obiger Satz uns nicht davon abhalten, für eine Verbesserung der Umstände zu sorgen. Macht abzugeben heißt, in die Opferrolle zu gehen. Wir verkaufen unserem Unterbewusstsein: *"Ich bin ein armer Mensch, von allen getreten und habe nicht die Macht, in meinem Leben etwas zu bewirken."*

Erkennen Sie die Gefahr dieser Falle? Wir flüchten uns schnell in die 'Opferrolle' und geben das Schöpferbewusstsein auf. Der Satz, *"ich bin halt so"*, stellt ebenso das Abtauchen in den Club der Opfer dar und kostet obendrein gewaltig Energie. Dieser Satz lässt sich prima umformulieren zu, *"ich kann anders sein"*, und schon erzeugen wir Energie in uns und entschwinden der Falle 'Macht und Schuld'.

Programmieren Sie den Begriff 'Schuld' um. Er suggeriert uns, etwas falsch gemacht zu haben. Dies kommt meist aus kirchlichen Prägungen und bewirkt negative Emotionen. Uns wurde eingeprägt, ständig Schuldgefühle zu haben. Auf diese Weise sind Menschen leicht zu beeinflussen. Viele gehen gern in die Opferrolle und grämen sich, weil sie Schuld auf sich geladen haben. Religionen und Sekten leben davon, so auf andere Macht auszuüben. Lassen Sie dieses Muster los. Sie brauchen niemandem gegenüber Schuldgefühle haben.

Es gibt nur das Gesetz von Ursache und Wirkung. Unser Denken und Handeln stellen eine bestimmte Ursache dar, die wir als Wirkung wieder erleben. Und alles, was wir erleben, sind Lernprozesse, die wir - aus welchem Grund auch immer - verursacht oder erforderlich gemacht haben. Das ist weder gut noch schlecht - es ist! Wir haben uns diese Lernprozesse vielleicht irgendwann unbewusst ausgesucht und vorgenommen. Also, Sie sind nicht schuld für das, was Sie erleben, sondern Sie sind die Ursache. Und wenn Ihnen Ihre Realität nicht gefällt, dann fangen Sie an, in ein Bewusstsein zu gehen, nicht mehr Opfer zu sein, sondern Schöpfer zu werden. Ich verwende bewusst nicht als Gegenbegriff zu 'Opfer' das Wort 'Täter', da es meist eine negative Prägung hat. Ich bezeichne es lieber als Schöpferrolle, nämlich die Umstände zu schöpfen oder schaffen, die für Sie wünschenswert sind.

Was Ziele bewirken

Haben Sie schriftlich formulierte Ziele? Nein, dann besteht das Leben aus Zufalls-Treffern und Sie müssen mit dem vorlieb nehmen, was Ihnen das Leben liefert. Lernen Sie das schriftliche Formulieren von Zielen. Das geschriebene Wort hat eine viel größere Kraft als das gedachte. Selbst wenn Ihnen diese Technik noch ungewohnt erscheint, bitte versuchen Sie es.

Was machen wir manchmal? Wir stecken uns ein Ziel, krempeln die Ärmel hoch, arbeiten richtig hart, bis wir dieses Ziel erreicht haben. Dann freuen wir uns ein wenig und schon haben wir das nächste Ziel vor Augen und so geht's wieder weiter.

Es ist im Leben völlig gleichgültig, wie viele Ziele wir erreichen. Es kommt mehr darauf an, den Weg zum Ziel zu genießen. Glücklich sein heißt, das Leben so anzunehmen, wie es ist, zu wissen, ich bin bereits auf dem Weg zu meinem Ziel. Genießen Sie den Weg, statt immer nur in Stress und Hektik zu leben.

Ziele sind wichtige Haltepunkte und Motivations-Faktoren. Stellen Sie sich ein bestimmtes Ziel einmal intensiv bildlich vor, z.B. Ihre nächste Urlaubsreise. Sehen Sie sich am Urlaubsort, hören Sie die Stimmen der Menschen vor Ort, spüren Sie, welch angenehmes Gefühl in Ihnen aufkommt, riechen Sie den verlockenden Duft der typischen Speisen und fühlen Sie die Sonne oder den lauen Wind auf Ihrer Haut. Setzt das nicht Motivation und Energie in Ihnen frei? Je stärker Sie sich in diesem

Zielbild sehen und erleben können, desto größer ist die Kraft, die dieses Ziel auf Sie ausübt.

Hören Sie sich manchmal sagen, *"ach, das wäre schön, das hätte ich auch gern"* - oder *"ja das möchte ich auch können"*? Sind Sie bereit, für ein Ziel wirklich etwas zu tun? Wenn nicht, dann war er wohl nicht so wichtig! Fragen Sie sich: Möchten Sie es nur oder wollen Sie es wirklich?

Wer das Ziel nicht genau kennt, braucht sich nicht zu wundern, wenn er ganz woanders ankommt. Wer nichts klar Definiertes erwartet, muss eben mit allem zufrieden sein.

Ziele brauchen klare Kriterien:

1. Ziele sollen motivieren, erstrebenswert sein und Energie freisetzen,
2. Ziele sollen sinnvoll und erreichbar sein,
3. Ziele brauchen einen Zeitrahmen (einen Zeitpunkt oder eine Zeitspanne),
4. Ziele brauchen einen klaren Maßstab, der zeigt, ob sie erreicht wurden.
5. Und dann brauchen Sie zu diesem Ziel ein deutliches Bild, das Sie immer wieder klar vor Ihren Augen sehen. Erst wenn Sie ganz genau wissen, was Sie wollen, werden Sie es erreichen (siehe Kapitel: Übungen für die positive Ausstrahlung).

Was erwarten Sie denn vom Leben ohne klar definierte Ziele? Was soll es Ihnen liefern? Vergleichen Sie die Situation mit einem Lokal. Was sollte Ihnen der Ober bringen, wenn sie nur stammeln: *"Ich hätte gern was, ich weiß nur nicht genau was, ob Fisch oder Fleisch, ich weiß auch nicht genau, ob eine kleine oder große Portion, ob Suppe und Nachspeise weiß ich auch nicht, aber bringen Sie es bitte möglichst schnell."* So verhält sich natürlich niemand.

Nur im täglichen Leben praktizieren wir es mit unseren Zielen: Vorher kein klares Ziel und hinterher enttäuscht, wenn das Leben irgendetwas geliefert hat. Zufriedenheit ist eine Sache der Erwartungshaltung. Wer nichts klar Definiertes erwartet, muss eben mit allem zufrieden sein.

Nur zu sagen, *"ich hätte gern mehr Freizeit",* ist ein frommer Wunsch - und sonst nichts. Denn unser Unterbewusstsein erkennt sofort, dass wir es gar nicht ernst meinen. Erst der klare Satz, *"ich nehme mir heute 1/2 Stunde mehr Freizeit",* gibt ein klares Ziel, das ich am Abend messen kann.

Ebenso verhält es sich beim Kundengespräch: *"Ich möchte gern meinem Kunden mehr verkaufen."* Das ist eine Seifenblase. Erst die klare Vorstellung, *"ich verkaufe heute dem Kunden X soundsoviel von diesem und jenem Produkt"*, ist ein deutliches Ziel. Wenn ich dann noch das Bild in mir visualisieren kann, wie ich das Angebot mache, wie der Kunde dankend annimmt und wie beide Seiten einen klaren Nutzen haben, besteht die Chance, es zu erreichen.

Der Wunsch, *"ich hätte gern ein höheres Einkommen"*, ist bereits bei einer Einkommenssteigerung von 1,00 €/Jahr erfüllt. Für ein Ziel braucht es eine exakte Definition: Wie viel Einkommen in welchem Zeitrahmen will ich haben und was bin ich bereit, dafür zu tun?

Sind Sie sich soviel wert, wenigstens 15 Minuten täglich für sich selbst zu investieren? Wie viel Zeit nehmen wir uns täglich, um noch in dieser oder jener Zeitschrift zu blättern, um noch den einen oder anderen Bekannten anzurufen, um mit jemandem zum Kaffeetrinken zu gehen, um sich eine Fernsehsendung anzusehen und so fort - und wie wenig Zeit bleibt uns nur für uns selbst?

Wie viel Geld investieren wir in uns selbst? Beim Autokauf überlegen wir nicht lange, ob wir wirklich so viel für ein Schiebedach oder für Alufelgen ausgeben sollen. Nur bei uns selbst fangen wir oft zu knausern an. Beginnen Sie, ein für Sie stimmiges Maß an Zeit und Geld für Ihr Persönlichkeitswachstum aufzuwenden.

Programme/Glaubensmuster erkennen

Seit unserer Kindheit wurden wir in der Erziehung durch Programme (oder auch Glaubensmuster genannt) geprägt, was nichts mit dem religiösen Glauben zu tun hat, sondern im psychologischen Sinn als 'Prägungen' bezeichnet wird.

Wir erlebten die Außenwelt vor allem in der Gestalt unserer Eltern und Geschwister, später durch Freunde, Lehrer, allgemeine Werte/Normen der Gesellschaft und durch Religion. Es kommen viele Faktoren zusammen und sie ergeben die meist kurzen und präzisen Programmsätze, die uns - größtenteils unbewusst - durchs ganze Leben begleiten.

Die ersten Prägungen waren vielleicht: 'Sei schön lieb - sag danke, wenn du etwas geschenkt bekommst - lass das, du machst immer alles kaputt - iss deinen Teller leer - man macht das nicht - du musst immer ein braver Bub sein - du sollst immer ein liebes Mädchen sein - das steht dir nicht zu - du sollst niemandem wehtun - du musst immer der Beste sein - lass dir nichts gefallen - das ist ja nicht so schlimm.' Später kamen weitere dazu: 'Das Leben ist halt mal harte Arbeit - alles läuft heute wieder schief - was denken die anderen Menschen über mich - ich bin ständig im Stress - Geld verdirbt den Charakter - Schuster bleib bei deinen Leisten - darauf kommt es jetzt auch nicht mehr an - lieber arm und gesund, als krank und reich - du musst immer fleißig sein, damit du es zu etwas bringst etc.'

All das hat mit der Realität natürlich nichts zu tun, sondern ist eine einseitig gerichtete Betrachtungsweise. Im Heranwachsen reagierten wir dann auf diese Programmsätze. Wir haben

1. eine Idealisierung entstehen lassen - also das Muster 'ich bin gut, wenn ich soundso bin',
2. Strategien entwickelt, um Strafen oder andere Folgen des Fehlverhaltens zu vermeiden,
3. spezifische Abwehrmechanismen angenommen.

Schuldgefühle entstanden immer dann, wenn wir dem eigenen Ideal nicht entsprachen. Zum Teil formte sich daraus ein Weltbild: 'Ich werde es sowieso zu nichts bringen - mich liebt doch keiner - ich muss mir eben stets alles gefallen lassen - alle trampeln nur auf mir herum.'

Irgendwann im Leben sollten wir diese alten Prägungen und Muster erkennen und ändern. Es gibt kein gutes oder schlechtes Programm - es gibt Programme. Die waren immerhin so gut, dass sie Sie dorthin gebracht haben, wo Sie heute im Leben stehen. Es wäre auch vollkommen fatal, Schuld auf Eltern oder Erzieher zu projizieren (siehe Thema 'Macht und Schuld'). Unsere Eltern haben es so gut gemacht, wie sie es konnten. Und das genügt. Wir werden es auch wieder so gut machen, wie wir es können. Erwachsenwerden heißt, die eigene Erziehung in die Hand zu nehmen, sich selbst Vater und Mutter zu sein.

Zu unserer Aufgabe gehört, Programme aufzuarbeiten und zu entscheiden, wann das Programm laufen darf und wann nicht, damit Sie in Ihrem Leben steuern können und nicht immer von den Mustern gesteuert werden, ohne es zu bemerken.

Einige Programme sehen auf den ersten Blick als Entwertung anderer aus, entpuppen sich allerdings beim genauen Hinsehen als Selbstentwertungsprogramme: *"Aus dem ist auch nichts Ordentliches geworden"*, *"wie die sich in Ihrem Alter kleidet, so kann man doch nicht herumlaufen"*, *"wie der sich in der Gesellschaft benimmt, das ist ja unerhört"* u.v.m . Was steckt dahinter und rührt an Programmen tief in der Seele? Wer mit seinem Leben absolut zufrieden und im Einklang ist, braucht andere wegen ihres Werdegangs nicht zu kritisieren. Tut er es doch, so könnte es sich schon auf das eigene Thema beziehen: *"Eigentlich hätte ich ja auch viel lieber etwas anderes gemacht."* Im zweiten Beispiel drängt sich vielleicht der ersehnte Wunsch auf: *"Ich würde mich auch gern anders kleiden, aber ich traue es mich nicht."* Dazu kommt ein Programm 'bloß nicht auffallen' oder 'was denken die anderen Menschen über mich'. Durch das Abwerten anderer steigt (vermeintlich) der eigene Wert. Im dritten Fall handelt es sich möglicherweise um das Bedürfnis, sich auch einmal gehen zu lassen und vielleicht ausgeflippt herumzulaufen. *"... aber da sind die gesellschaftlichen Normen, in meiner Stellung kann ich mir so was nicht leisten."* Diese Menschen müssen dann nach Ibiza oder Mallorca in den Urlaub fahren, um dort in der Anonymität der Masse das (er)leben zu können, was sie sich hier in ihrer Spießigkeit nicht trauen.

Jeder Mensch nimmt die Welt gefärbt durch die Brille seiner Programme und Erfahrungen wahr. Er hat einen bestimmten Blickwinkel und nimmt einen Teil der Realität war, die dann zu seiner Realität wird. Deshalb gibt es keine absolute Realität, sondern nur das, was jeder für sich als real empfindet. Der eine kann es glauben, dass sein Leben ein Spiel ist, der andere hat erfahren, dass alles schwierig und eine ewige Schufterei ist. Der eine kann glauben, dass er immer Glück und Erfolg haben wird, der andere denkt als Pessimist ständig an die schlimmsten Visionen, was alles passieren könnte, wie tief der Wirtschaftseinbruch sein könnte und wie hoch die Inflationsrate sein wird.

Wir versuchen stets, unsere Programme oder Glaubensmuster zu bestätigen, also das Leben so zu sehen, dass wir 'Recht haben'. 90 % davon finden auf der unterbewussten Ebene statt und wir merken üblicherweise gar nicht, was sich dabei abspielt.

Antony Robbins erklärt ein schönes Bild dazu: Nehmen wir einen Tisch, das Programm selbst entspricht der Tischplatte und unsere Erfahrungen sind die Tischbeine. Damit der Tisch stabil stehen kann, braucht er die Tischbeine. Übertragen auf die Programme: Um mit unserer Sichtweise der Welt Recht zu haben, lenken wir die Aufmerksamkeit dorthin, wo wir in dieser Ansicht bestärkt werden - und sammeln möglichst viele Tischbeine, damit die Tischplatte stabil stehen kann. Ich nenne es das 'Schreiner-Syndrom': Immer wieder neue Tischbeine anschrauben.

Hat jemand den Glaubenssatz, 'das Leben ist hart und eine ewige Plackerei', sucht sein Unterbewusstsein ständig Beispiele und Situationen, in denen sich dieser Satz bestätigt. Und schon nickt er innerlich und sagt 'stimmt' (wieder ein neues Tischbein), weil er es bei einigen schwer schuftenden und jammernden Kollegen sieht, bei seinem Schwager, der sich vor drei Monaten selbstständig gemacht hat und bei dem es nicht besonders läuft, bei seinen Eltern, die sich Zeit ihres Lebens geplagt hatten und nie viel erreicht hatten usw.

Ein anderer hat das Programm, 'wenn jemand im Beruf so erfolgreich ist, leidet schon mal die Partnerschaft darunter'. Und schon wird er seinen Blick auf die lenken, bei denen die Partnerschaft nicht so harmonisch verläuft, auf einen Freund, bei dem es bereits in der Ehe kriselt, auf einen Geschäftspartner, der sich aus eben diesen Gründen erst scheiden ließ und und und.

Wer an den Satz glaubt, 'ganz ehrlich kommt man nicht durchs Leben', der wird immer wieder in Situationen geraten, wo er sich beweisen kann, *"siehst du, gut dass ich ein wenig getrickst habe, sonst wäre es wieder einmal nichts geworden"*.

Stellen Sie sich vor, Sie sind zu Hause in Ihrem Arbeitszimmer oder in Ihrer Küche, Ihr Kind sitzt nebenan und macht Schularbeiten. Die Tür steht offen, damit Sie Ihren Sprössling unter Kontrolle haben. Plötzlich fängt Ihr Kind alle paar Minuten zu Lachen an. Sie würden sicher nicht lange warten und hinüber rufen: *"Ich denke, du machst Hausaufgaben!"* Als typische Deutsche sind wir programmiert, dass Hausaufgaben etwas Ernstes sind, wo es schließlich nichts zu lachen gibt.

Jemand steht im Straßenverkehr als erster wartend an der roten Ampel und verschläft gerade den Moment des Umschaltens auf die Grünphase, worauf der Hintermann seine Hupe betätigt. Welche Gedanken kommen auf? *"O danke, ich fahre schon los, leider habe ich eben nicht aufgepasst."* Oder eher: *"Ja, du Idiot, ich hab schon selbst gemerkt, dass grün geworden ist, da brauche ich dich nicht dazu, kümmere dich doch um deinen eigenen Kram."* Meistens ist es die zweite Reaktion, denn wir haben gelernt, die Hupe ist ein Warn- und Drohsignal.

Es gibt viele globale Programme und sogar kulturelle Muster, die sich in uns manifestiert haben: 'Ein Junge weint doch nicht' (bewirkt, dass Jungen lernen, jegliches Gefühl zu unterdrücken und nicht zuzulassen), 'ein Junge spielt doch nicht mit Puppen', 'ein Mädchen muss immer lieb und nett sein' (fördert das Helfersyndrom und unterdrückt permanent Aggressionen), 'eine anständige junge Frau zieht doch keinen Minirock an' (war in den 60er Jahren noch weit verbreitet), 'lange Haare - kurzer Sinn' (lange Haare haben nur die Hippies und Taugenichtse), 'Brot wirft man nicht weg, weil so viele Menschen täglich auf der Welt verhungern' (denen ist allerdings nicht geholfen mit dieser Alles-Aufess-Einstellung), 'Geld verdirbt den Charakter' (ich kenne viele Menschen, die wenig Geld besitzen und dennoch einen miesen Charakter haben ...), die Liste lässt sich unendlich verlängern.

Ich erzähle diese Beispiele so ausführlich, damit Sie erkennen, wie intensiv wir von Programmen gesteuert sind, ohne es zu bemerken. Das Ziel dabei sollte sein, eine andere Wahrnehmung zu entwickeln, woran uns natürlich das Unterbewusstsein hindern will. Es sagt uns ständig, *"bloß nichts verändern, es stimmt doch alles"*.

Die Glaubenssätze oder Programme selbst sind weder gut noch schlecht, wir sollten sie einfach nur erkennen, damit sie nicht unser Leben einengen. Fragen Sie sich, wenn sie Muster dieser Art in sich entdecken: *"Stimmt das wirklich oder ist es nur ein Muster, das ich mitbekommen habe?"* Im zweiten Fall haben Sie die Chance, sich selbst zu verändern, was der einfachere Weg ist und Sie brauchen nicht versuchen, alle anderen auf den Kopf zu stellen.

Nehmen Sie als Beispiel für unsere Wahrnehmung ein Radiogerät. Es ist auf UKW-Frequenz eingestellt und Sie hören einen bestimmten Sender. Wenn Sie Ihre Wahrnehmungsfähigkeit (Sendersuchknopf) nur ein ganz kleines Stück verstellen, nehmen Sie schon eine andere Realität wahr. Sie können frei wählen, ob Sie ein Fußballspiel, ein Konzert aus der Münchner Philharmonie, Popmusik oder einen Bericht über die Schwierigkeiten der Agrarwirtschaft in Schleswig-Holstein hören wollen. Das ganze Spektrum der UKW-Sender bietet sich Ihnen an und da Sie nicht alles gleichzeitig hören können, entschließen Sie sich für ein bestimmtes Programm. Nun nehmen Sie weiterhin an, ein Freund besitzt das gleiche Radio, nur sein Gerät ist auf MW eingestellt und er kann dort die gesamte Frequenzbreite empfangen. Sie unterhalten sich mit Ihrem Freund über das Programm und er kann überhaupt nicht verstehen, wovon Sie sprechen. Und Sie verstehen andererseits 'seine Realität nicht'. In das tägliche Leben übertragen, heißt dann der Satz: *"Ich weiß nicht, was du immer hast, bei mir ist das alles ganz anders."* Wir nehmen also vollkommen unterschiedliche Realitäten wahr.

Ein fast dramatisches Programm in uns lautet, 'ich habe Recht' und es will diese Schallplatte den ganzen Tag lang abspielen. Jeder Streit endet in diesem Programm, denn es geht letztendlich nicht mehr um die Wahrheit, sondern um das Rechthaben. Sehen Sie sich die Situation vor Deutschlands Gerichten an: Geht es um die Wahrheit oder darum, wer Recht bekommt? Auch im privaten Umfeld geht es uns oft bei einer Meinungsverschiedenheit ums Prinzip!

Da braucht nur jemand unser Auto anzugreifen und es als Spießer-Wanne oder Rostlaube bezeichnen, schon ereifern wir uns, dieses Fahrzeug und unsere Entscheidung dafür zu rechtfertigen. Durch unsere Rechtfertigung wird der andere seine Meinung nicht ändern, im Gegenteil, er hat ja ebenfalls das Programm 'ich habe Recht'. Er wird seine Meinung aufs Schärfste verteidigen. Dies lässt sich bei Bundestagsdebatten oder bei Talkshows im Fernsehen beobachten. Wie viel Energie wird oft sinnlos verbraucht, um dem anderen eine Meinung überzustülpen, die er mit Sicherheit nicht annehmen wird.

Sie können sich in Zukunft in solchen Momenten immer entscheiden: Wollen Sie eine Situation lösen oder nur Recht haben? Der weit sinnvollere Weg besteht oft darin, dem anderen seine Meinung zu lassen. Denn er sieht die Welt so, wie er sie eben sieht (oder sehen will) und Sie sehen Ihre Welt so, wie Sie sie sehen (wollen). Und jeder hat irgendwie Recht. Die Chance besteht darin, zunächst Gemeinsamkeiten festzustellen, zu erfahren, warum der andere so denkt und dann die eigene Ansicht einzubringen mit der Überlegung: *"Wie könnte eine befriedigende Lösung aussehen?"*

Emotionen zulassen

Haben wir denn gelernt, mit Emotionen umzugehen? Gerade bei Männern liegen hier große Defizite vor, die in den globalen Unterschieden unserer Erziehung wurzeln. Jungen lernen einseitig, stark zu sein, sich zu behaupten und Initiative zu ergreifen. Die Kehrseite davon bedeutet, immer konkurrieren zu müssen, Schwäche nicht zeigen zu dürfen, nicht passiv und entspannt sein zu dürfen. Viele bekamen Standardsätze mit, wie 'ein Indianer kennt keinen Schmerz - ein Junge weint nicht (s.o.) - du bist doch kein Mädchen (beachten Sie die subtile Verachtung des weiblichen Geschlechtes) - jetzt sei nicht so sentimental - komm wieder auf den Teppich' u.v.m. Mädchen lernen einseitig, sich zurückzunehmen, freundlich zu sein, auf die Bedürfnisse anderer zu achten. Die Kehrseite bedeutet, sich zu wenig durchzusetzen, Ärger und Aggressionen unterdrücken zu müssen und eigene Bedürfnisse nicht wichtig zu nehmen. An Programmen stehen dahinter, 'eine gute Frau muss kochen können - Frauen gehören an den Herd - die Männer wollen dich alle nur betrügen - erfülle jeden Wunsch deines Mannes' etc.

Emotion kommt vom Lateinischen 'emovere', herausbewegen. Wir lassen Emotionen viel zu wenig heraus, sondern drücken sie noch eher hinunter ('deprimere' - davon leitet sich die Depression ab). Ich erinnere mich an meine Zeit im Internat. Mein Heimweh war so groß, dass ich es kaum ertragen konnte. Vielen erging es ähnlich. Nur wenige trauten sich, einmal öffentlich vor allen anderen zu weinen. Durch dieses 'öffentliche emovere' konnten sie von ihrem Heimweh loslassen. Die meisten (ich gehörte dazu) hatten dazu nicht den Mut, weil wir durch die Programme so stark geprägt waren und weil es als verweichlicht galt, zu weinen. Also mussten wir es mit uns selbst ausmachen. Ich habe inzwischen in Seminaren viele, viele Menschen kennen gelernt und weiß, welch großes Meer ungeweinter Tränen vor allem auch in Männern steckt. In diesem Thema hatte ich viel nachzulernen und bin heute froh, es getan zu haben. Tränen der Freude oder der Traurigkeit stellen keine Blöße dar. Es war so ergreifend und schön für mich, die Tränen der Freude fließen zu lassen, als unser Sohn in den ersten Wochen und Monaten seines Lebens einfach nur bei mir im Arm lag. Heute noch geht es mir so, wenn ich nachts vor seinem Bett sitze und dieses schlafende Kind sehe. Ja, Kinder kommen nicht nur deshalb zu uns, weil wir ihnen etwas lernen sollen, sondern auch, weil sie uns eine ganze Menge lehren - jeder Mensch kann unser Lehrer sein. Kinder sind wie Zen-Meister: Sie führen uns immer wieder an unsere Grenzen und lehren uns, den Augenblick zu genießen. Ich habe schon viel von unserem Sohn gelernt und er hat mein Leben sehr bereichert.

Zu Begriffen wie 'Trauer' und 'traurig sein'. Bitte verwechseln Sie beide Bezeichnungen nicht. Trauer kann zu einer - leicht heuchlerische - Konvention der Gesellschaft werden. Es gilt als edel, zu trauern. Ich frage Sie ganz provokativ: Selbst wenn wir einen lieben Menschen verloren haben, um wen trauern wir denn? Doch um uns selbst. Wir hätten es doch noch so schön haben können usw. Dem Verstorbenen nützt es nichts und außerdem geht es ihm ohnehin wesentlich besser, als wir glauben. Aber die Gesellschaft erwartet, sich in schwarzen Kleidern zu verstecken und mit gesenktem Blick die Kommunikation aufs Nötigste zu beschränken. Geschweige denn dazu noch freundlich dreinblicken zu dürfen.

Wir haben nicht einen Menschen verloren (wir haben ihn ja nie besessen), sondern wir sind ein Stück des Weges gemeinsam gegangen, und aus einem bestimmten Grund war sein Lebensauftrag an dieser Stelle beendet. Alles hat seinen Sinn, selbst wenn es uns nicht oder noch nicht zusteht, diesen Sinn zu erkennen. Ich halte den Satz *"die Zeit heilt alle Wunden"* für gefährlich, denn er berechtigt uns, im Schmerz zu verharren, wir haben endlich eine Entschuldigung für unsere Trauer gefunden. Trauer darf nicht zur Bühne für Selbstmitleid werden. Und doch ist es therapeutisch wichtig, Trauerarbeit zu leisten, die allerdings mehr mit dem nächsten Begriff zu tun hat.

Traurig zu sein ist ganz anders. Es bedeutet, der Emotion des Trennungsschmerzes Luft zu machen (emovere). Ja, es kann sehr wehtun, sich zu trennen. Da kommt oft viel Wut und Aggression hoch, viel Hilflosigkeit und unbewusste Angst vor der eigenen Endlichkeit. Es ist sehr wichtig, diese Emotion zuzulassen, zu erleben und zu verarbeiten.

Mein Neffe Tobias ist im Jahr 1998 mit 20 Jahren bei einem Autounfall ums Leben gekommen. Auch ich spürte mit viel Tränen sehr intensiv diese Traurigkeit, obwohl ich mich viel mit dieser Thematik auseinander setze. Auch ich hatte ihn sehr gern und konnte anfangs nicht verstehen, warum seine Mission schon zu Ende sein sollte. Besonders schwer war es für mich, den Schmerz, die Ratlosigkeit und Verzweiflung bei den Eltern und Geschwistern meines Neffen zu sehen. Und doch gibt uns das Leben immer wieder die Kraft, damit umzugehen. Inzwischen bin ich sehr dankbar für die Zeit, die wir gemeinsam hatten und fühle mich ihm immer noch sehr verbunden.

Mein Neffe hat mir eine intensive Lernaufgabe mitgegeben: Welche Botschaft steckt für mich in seinem Leben und in seinem frühen und vor allem plötzlichen Tod? Zum einen werde ich auf meine eigene Endlichkeit aufmerksam, ich kann meinem Leben nicht mehr Tage geben, ich kann allerdings jedem Tag mehr Leben geben, ich kann jeden Tag bewusster erleben und mit Dankbarkeit erfüllen. Zum anderen durfte ich lernen, dass es niemals Sinn hat, mit einem Menschen im Streit auseinander zugehen. Vielleicht gibt es die Gelegenheit zur Versöhnung nicht mehr.

Ich bin in meinen Beruf sehr viel unterwegs und weiß nie, ob ich wieder zurückkehre. Deshalb will ich von meiner Frau und meinem Sohn immer so liebevoll Abschied nehmen, dass es auch der letzte Abschied sein könnte.

Schlafende Götter und das Schattenthema

"*Ihr allesamt seid schlafende Götter*" heißt, dass jeder von uns ein Teil der göttlichen Einheit ist, wie immer wir uns diese auch vorstellen wollen. Jedem steht es selbst zu, zu entscheiden, wann er erwachen will. Beginnen wir, das Göttliche in uns zu entwickeln. Dazu gehört die Erkenntnis, dass wir von unserer Persönlichkeit her alle gleich sind. Es mag in der Organisation von Unternehmen, Verbänden, Vereinen oder Gemeinschaften selbstverständlich eine Hierarchie geben, auf der menschlichen Ebene stehen wir alle auf der gleichen Stufe. Der Bettler an der Straßenecke oder der Penner unter der Brücke ist nicht weniger oder nicht mehr wert als Sie und ich. Der Aufsichtratsvorsitzende eines Unternehmens, der Bundeskanzler oder der Papst ist ebenfalls nicht mehr oder nicht weniger wert als Sie und ich. Wer gäbe uns das Recht, so zu urteilen, wenn er doch auch ein Stück von Gott ist (wie immer Sie den Begriff Gott definieren wollen). Einen schönen Hinweis dazu gibt der in Süddeutschland gebräuchliche Ausdruck *"Grüß Gott"*. Er bedeutet nichts anderes als *"ich grüße den Gott in dir"*.

Wenn es darum geht, schöne und angenehme Eigenschaften in uns oder anderen anzunehmen, sind wir selbstverständlich dazu bereit. Wie aber verhält es sich bei negativen Eigenschaften? Wenn sich der Gott im anderen entschlossen hat, zu lügen, zu stehlen, ein Bandit zu sein, andere auszunutzen oder zu betrügen? Dann kommen schnell unsere Wertsysteme und urteilen oder verurteilen den anderen. Wir selbst sind ja ganz anders und vollkommen edel. Nein - auch in uns steckt ein Schuft, ein Kotzbrocken, ein Miesepeter, ein Lügner, ein Dieb, ein langweiliger und hässlicher Typ, ein Verschwender und ein Ignorant, ein Dickkopf und ein Unsympath. C. G. Jung nennt unsere nicht akzeptierten und nicht gelebten Persönlichkeitsanteile den 'Schatten', den wir natürlich nicht gern ansehen. Das interessiert allerdings den Schatten nicht, er ist trotzdem da und meldet sich zur rechten Zeit. Statt ihn bei uns selbst liebevoll zu betrachten, kritisieren wir ihn bei anderen. Jung sagte einmal, *"ich will ganz sein und nicht heil"*, das zeigt uns die Problematik auf, es geht nicht darum, irgendetwas abzulehnen, sondern alles zu akzeptieren und daraus zu lernen. *"Liebe deinen Nächten wie die selbst"* erinnert uns daran, zunächst uns anzunehmen mit allen Schattenbereichen, mit allen Fehlern, Ecken und Kanten. Erst wenn wir stimmen, können wir für andere etwas tun. Fangen wir an, Achtung und Verständnis für uns selbst aufzubringen, dann dürfen wir die schönste Liebesgeschichte der Welt erwarten: Die Liebe zu uns selbst.

Die positive Einstellung zum Beruf

Da ging die Post ab

Vor einiger Zeit besuchten wir ein Konzert eines bekannten deutschen Blechbläser-Essembles. Musiker der Spitzenklasse ließen die Virtuosität im Konzertsaal spüren. Die Herren musizierten hoch professionell und doch fehlte irgendetwas, ich nenne es 'den letzten Kick', der aufs Publikum übersprang. Mir fehlte die positive Ausstrahlung und unbewusst ging es wohl vielen Zuhörern ebenso. Mag es an der grundsätzlichen Einstellung zum Beruf, zum heutigen Konzert, zum Publikum, zum Saal oder sonst etwas gelegen haben. - Gut ein halbes Jahr vorher saßen wir in einem Konzert eines anderen Blechbläser-Essembles und da 'ging richtig die Post ab'. Diese Gruppe zog vom ersten Moment an das Publikum in ihren Bann. Der gesamte Raum war erfüllt von einer Freude am Musizieren und die Herren auf der Bühne strahlten in ihren Gesichtern eine Begeisterung aus, die für mich faszinierend war. Obwohl beide Konzerterlebnisse von der technischen Qualität der Mitwirkenden absolut vergleichbar waren, übten sie auf mich eine vollkommen andere Wirkung aus.

Dr. John Diamond befasste sich in seinen Studien zur Kinesiologie in einem eigenen Buch mit dem Phänomen, dass Musik energetisch eine ganz unterschiedliche Wirkung auf den Menschen ausüben kann. Gleiche Musikstücke von unterschiedlichen Interpreten gespielt, wirken energetisch völlig verschieden. Musik, die ohne Freude, vielleicht sogar noch unter Angst produziert wird (bei Studioaufnahmen oft der Zeitstress), schwächt energetisch den Organismus des Zuhörers.

Vor einigen Wochen war ich wegen eines technischen Problems meines Video-Schnittplatzes bei meinem 'Stammverkäufer', den ich nicht nur wegen seines hervorragenden Fachwissens schätze. Es strahlt so viel Begeisterung für sein Tun aus, dass ich mich bei ihm stets gut aufgehoben und angenommen fühle. Obwohl es für die Reparatur nicht erforderlich gewesen wäre, habe ich gleich noch eine Speichererweiterung einbauen lassen, mir ein neues Mischpult bestellt und bin voller Eifer, was ich nun alles umsetzen kann. Dieser Verkäufer nutzt die Macht der positiven Ausstrahlung durch die positive Einstellung, die er zu seinem Beruf hat.

Der Beruf und Berufung

Mit der Überschrift, 'die positive Einstellung zum Beruf', meine ich die Tätigkeit, die Sie hauptsächlich ausführen. Vielleicht bedeutet es, Schüler oder Student zu sein, zu verkaufen, Menschen zu führen, an einer Maschine wiederkehrende Vorgänge zu verrichten, anderen Leuten die Haare abzuschneiden, den Verkehr zu regeln, eine Lehre zu absolvieren, in der Apotheke Menschen zu beraten und ihnen Arzneimittel zu verkaufen oder 'nur' Hausfrau zu sein.

Und da will ich doch gleich mal ein Loblied auf die Hausfrau singen. Leider wird dieser Beruf oft geringschätzig betrachtet. Für mich hat die Hausfrau eine höhere Bedeutung als jeder Arzt, da sie (bevor sich Krankheit breit macht) dafür Sorge trägt, dass die Familie in einem gesunden Umfeld leben kann. Sie gibt den Kindern durch das Vorbildsein die beste Lernchance und Vorbereitung aufs Leben, sie sorgt mit einer gesunden und ausgewogenen Ernährung für die Grundlage des Erfolges aller Familienmitglieder (mens sana in corpore sano - ein gesunder Geist ist nur in einem gesunden Körper zu Hause). Mehr als 80 % aller Erkrankungen sind ernährungsbedingt! Der Gemüseverzehr in Deutschland ist rückläufig, der Fleischkonsum steigt, 33 % des Nahrungsbedarfes decken die Bürger laut CMA durch Mahlzeiten bei Fastfood-Ketten, in Kantinen, in Imbissbuden oder Restaurants. Ja, schreien denn solche Tatsachen nicht nach einem Gesundheitsmanager in der Familie? Ich glaube nicht, dass dies mit Fertigsuppen oder Dosengemüse bewerkstelligt werden kann. Es braucht jemanden, der mit Liebe und Freude der Bedeutung seiner Aufgabe - des Berufes - gerecht wird. Ich finde es schade, dass der Beruf der Hausfrau nur ungenügend gewürdigt wird und deshalb danke ich an dieser Stelle von ganzem Herzen allen Hausfrauen, die ihren Beruf mit Hingabe und Begeisterung erfüllen.

Viele Probleme unserer Zeit wurzeln in einer Familienkrise, viele Kinder erhalten leider nicht die Zuwendung, die sie brauchen. Wie wollen wir Frieden und Harmonie auf dieser Welt erreichen, wenn wir im engsten Umfeld der Familie nicht diese Liebe und Einigkeit leben? Die Hausfrau trägt dazu Wesentliches bei.

Das WIE ist im Leben viel wichtiger als das WAS. Es kommt auf die Einstellung an, mit der jemand etwas tut und weniger darauf, was er tut. Können Sie wirklich behaupten, dass Ihr Beruf 'Ihre Berufung' ist? Wenn nicht, sollten Sie schnell handeln und Ihr Leben verändern. Die Gewerkschaften versuchen uns zu erklären, dass die Arbeit so etwas Negatives ist, dass wir sie in möglichst kurzer Zeit hinter uns bringen sollten. Voller Lohnausgleich bei Null-Beschäftigung oder vom BAFÖG in die Rente - sollte das wirklich ein Ziel sein? Das Wort 'Arbeit' hat ja bei uns schon einen negativen Beigeschmack und diese ekelhafte Tätigkeit dient nur dazu, die erforderliche 'Kohle' für unsere Selbstverwirklichung in der Freizeit zu verdienen. Thorwald Dethlefsen schrieb einmal, die hohe Arbeitslosigkeit in unserer Gesellschaft ist eine psychotherapeutische Maßnahme für unser gesamtes Volk, durch die wir wieder erkennen müssen, was es heißt, arbeiten zu dürfen. Wobei 'arbeiten' nicht nur das Ausüben des Berufes darstellt, sondern das gesamte Mitwirken an dieser Schöpfung bedeutet.

Die Welt sollte ein kleines Stück reicher sein, wenn wir von diesem Planeten abtreten. Welchen Beitrag leisten wir also dazu? Welche kleine Aufgabe haben wir im gesamten Räderwerk dieser Schöpfung? Uns nur so viel wie möglich herauszunehmen, kann es wohl nicht sein. Sehen Sie sich die archaischen Naturvölker an. Sie unterscheiden nicht zwischen Arbeit und Freizeit (den beiden Polen, von denen der eine schlecht und der andere gut sein soll?), sondern sie 'tun' einfach. Sie tragen zum Gesamtwerk des Universums bei. Rufen Sie sich bitte nochmals den Beginn des Kapitel 1 ins Gedächtnis, vielleicht hilft

Ihnen die Frage, *"wie hätten Sie es denn gern?"*, um über das Thema Beruf und Berufung nachzudenken. Ich konnte daraufhin mein Leben enorm verändern und habe inzwischen mein Hobby zum Beruf gemacht. Meine Tätigkeit gibt mir die Chance, mich selber weiterzuentwickeln und zur Weiterentwicklung anderer beizutragen.

Unsere Einstellung zum Beruf muss stimmen, damit sich der Beruf und die Lebenseinstellung decken. Wer in einem Atomkraftwerk arbeitet, sollte zu 100 % hinter der Idee 'Atomstrom' stehen und nicht vehementer Verfechter alternativer Energien sein. Wer im Bioladen arbeitet, sollte dieses Konzept leben und sich nicht von Hamburgern, Pommes frites und Ketchup ernähren. Wer in der Metzgerei tätig ist, braucht eine Liebe für Fleisch, Wurst und rustikales Essen - ein Vegetarier hinter der Metzgertheke wäre wohl fehl am Platz. Wer Arzneimittel verkauft, sollte wissen, dass er zur Lebensqualität anderer Menschen beiträgt.

Da viele meiner Leser im pharmazeutischen Umfeld tätig sind, führe ich diesen Bereich intensiver aus: Was haben wir denn zum Thema Arzneimittel gelernt? Wechselwirkungen, Kontraindikationen, Gefahren und Risiken! Wir haben nicht gelernt, dass Arzneimittel etwas Großartiges sind, sondern dass sie eher mit respektvoller Vorsicht betrachtet werden müssen.

Bei einem Seminar mit Apothekenleitern erzählte ein Kollege, der zusätzlich zu seiner Apotheke ein Sanitätsfachgeschäft betreibt: *"Immer, wenn mein Fahrer z.B. einen Rollstuhl oder eine Gehhilfe ausliefert, sind die Menschen glücklich und geben dem Fahrer vor Freude 5,- Euro oder eine Tafel Schoko-*

lade, denn sie erkennen, dass dieses Gerät ihnen Lebensqualität bringt. Sie sind dadurch wieder mobil geworden."

Interessant, hier geht es um Lebensqualität. Und wie sieht es aus, wenn ein Kunde die Apotheke betritt und ein Rezept mit Nifedipin (Herzmittel) o.ä. einlöst? Er schimpft auf die 'Chemie mit Nebenwirkungen' und weil er dafür noch Geld hinlegen soll. Von wegen Lebensqualität!

Arzneimittel haben es noch nicht geschafft, im Kopf des Verbrauchers mit Lebensqualität in Verbindung gebracht zu werden. Obwohl dies natürlich sehr intensiv der Fall ist. Der oben beschriebene Kunde läuft auch die Treppe leichter hoch und fühlt sich besser mit seinem Nifedipin. Oder jemand, der sich am Abend bei einer Feier die Mütze mit Bier, Wein oder Schnaps vollgegossen hat, erlebt am nächsten Tag auch mehr Lebensqualität, wenn er eine Schmerztablette nimmt. Er könnte sich ja gern den lieben langen Tag mit Kopfschmerzen plagen.

Auch Arzneimittel tragen zur Lebensqualität der Menschen bei. Bei einigen Produkten haben es die Kunden inzwischen begriffen. Diese Medikamente dürfen sogar richtig viel Geld kosten. Ich meine damit Produkte wie Viagra, Xenical oder Propecia. Viele weitere Livestyle-Medikamente werden noch auf uns zukommen. An dieser Entwicklung können Sie wunderbar erkennen, dass es nicht um den Preis (also 'billig oder teuer') geht, sondern um den Nutzen.

Mit Ihrem Beruf in der Apotheke tragen Sie dazu bei, dass Menschen zu mehr Lebensqualität gelangen. Diese Einsicht sollte Ihre Ausstrahlung grundlegend verändern!

Ein weiterer entscheidender Faktor: Welche Einstellung haben Sie zum Thema 'Verkauf' oder 'Verkäufer'? Meistens sagen die Apothekenmitarbeiter/innen, Verkäufer zu sein, erzeuge nicht gerade ein sehr erhebendes Gefühl in ihnen. Lieber wären sie Berater o.ä. - Leider erhalten wir vom Kunden kein Beratungshonorar, sondern eine Verkaufsprovision, genau genommen sogar eine produktbezogene Provision. Sind Einkaufswert und Allgemeinkosten vom Verkaufswert eines Produktes abgezogen, bleibt ein Rest, aus dem sich der Lohn des Mitarbeiters finanziert. Der Chef gibt nur das Geld an den Mitarbeiter weiter, bezahlt wird es vom Kunden!

Daraus erwächst jedem Mitarbeiter die Verantwortung, dafür Sorge zu tragen, dass genügend Kunden kommen, dass sie sich in der Apotheke wohl fühlen und dass sie genügend kaufen. Die Verantwortung dafür nur abzulehnen mit dem Hinweis, darum solle sich der Chef, die Kammern oder der/die Gesundheitsminister/in kümmern, ist zu einfach. Sie sollten sich als Mitarbeiter jeden Tag aufs Neue die Frage stellen: *"Welchen Beitrag leiste ich, damit unsere Kunden auch heute wieder von uns begeistert sind?"*

Ich weiß nicht, warum der Verkäuferberuf ein so schlechtes Image hat. Vielleicht deshalb, weil es viel zu viele Menschen gibt, die diesen Titel nicht verdient haben. Sie sind keine Verkäufer, sondern Bedarfsbefriediger, Kaufwarte, Regalauffüller oder Lagerbewacher. Vielleicht, weil es früher in der Erziehung oft hieß: *"Mädchen, wenn du sonst nichts Ordentliches zu Wege bringst, in den Verkauf kannst du immer noch gehen."* Schade, diese Einstellung macht so viel kaputt. Verkaufen hat heutzutage mit absoluter Professionalität zu tun. Es verlangt, mit Themen wie Kommunikation, Motivation, Gesprächsführung, Umgang mit Einwand und Vorwand, Reklamationsmanagement professionell umgehen zu können. Verkaufen hat mit Ethik und Moral zu tun. Nur möglichst viel über den HV-Tisch zu drücken, wäre weder ethisch noch sinnvoll, denn Sie gewinnen zwar gerade eine 'Schlacht', verlieren aber dafür einen Kunden. Von dieser Art des Verkaufens distanziere ich mich ganz entschieden!

Verkaufen heißt, bereit zu sein, dem Kunden einen ehrlichen Nutzen zu bieten. Und das gelingt nur, wenn beide Seiten einen klaren Vorteil haben. Sie sollten stolz darauf sein, ein Verkäufer zu sein und Sie sollten Spaß daran haben, den Menschen Nutzen zu bieten. Ich hoffe, dass Sie nun (soweit es bisher noch nicht der Fall war) eine äußerst positive innere Einstellung zum Thema 'Arzneimittel' und 'Verkaufen' haben.

Halten wir fest: Als Verkäufer (z.B. von Arzneimitteln) tragen Sie zur Steigerung der Lebensqualität bei anderen Menschen bei und bieten ihnen dadurch einen ehrlichen Nutzen.

Als kleine Übung könnten Sie auf ein Kärtchen 5 Argumente schreiben, warum Sie Verkäufer sind. Hängen Sie dieses Kärtchen im Badezimmer an den Spiegel und lesen Sie es wenigstens 4 Wochen lang jeden Morgen.

Eine weitere Übung: Nehmen Sie bei Ihren nächsten Einkäufen bewusst die Ausstrahlung der Verkäufer wahr (unbewusst läuft der Vorgang ohnehin in Ihnen ab). Schon an den Gesichtszügen oder an der Haltung erkennen Sie, was jemand am liebsten sagen würde, wenn er ehrlich wäre und den Mut dazu hätte: *"Ich werde hier bis 18.00 Uhr bezahlt, alles andere ist mir egal und außerdem ist das hier sowieso ein Sch...job."* - Der Körper kann eben nicht lügen. Wenn die innere Einstellung zum Beruf oder zum momentanen Tun nicht stimmt, kann weder Freude noch Begeisterung auf andere Menschen überspringen.

Eine kleine Geschichte bringt es auf den Punkt: Der König bereiste sein Land und kam an einem Steinbruch vorbei. Er ließ anhalten und wollte ihn besichtigen. Hunderte von Menschen arbeiteten und behauten die Marmorblöcke. Der König trat zu einem Mann und fragte ihn: *"Was machst du da?"* Daraufhin antwortet der Mann: *"Ich klopfe Steine."* Der König ging weiter und fragte wieder jemand: *"Was machst du da?"* - *"Ich klopfe Steine."* Nach einer Weile kam er zu einem Mann, der eifrig und unbeirrt des königlichen Besuches seinen Stein formte. Der König fragte wieder: *"Was machst du da?"* Da entgegnete der Mann: *"Mein König, ich arbeite an einem großen Plan mit. Wir bauen einen großen Dom und ich behaue gerade den Stein, der später einmal über dem Hauptportal die Westseite schmücken wird."*

Was stellt Ihr Beruf dar? Steine klopfen oder Dom bauen? Welche Mitarbeiter haben Sie in Ihrem Unternehmen? Steinklopfer oder Dombauer?

Reproduzierbare Qualität schaffen

Meine Frau Gabi und ich fuhren vor vielen Jahren öfter mit einem Verein, der Theaterfahrten organisiert, nach Wien. Mehrmals besuchten wir 'Das Phantom der Oper' und 'Cats'. Die Organisatoren hatten einen guten Draht zu den Veranstaltern und so erhielten wir jedes Mal am Tag nach der Vorstellung eine Spezialführung durch das Theater (und vor allem durch den Bühnenbereich) mit dem damaligen kaufmännischen Leiter der Wiener Bühnen, Herrn Dr. Schlosser. Er erzählte sehr interessant, wie alle besonderen Effekte entstehen und wie exakt jede Vorstellung vorbereitet werden muss, mit welcher Liebe und Hingabe die Kostüme angefertigt werden, mit welcher Präzision täglich die gesamte Technik gesteuert wird und welch gewaltiger Vermarktungsapparat hinter den Musicals steht. Einige Sätze von ihm wurden für mich zum Schlüsselerlebnis. Er sagte: *"Es ist nicht schwer, eine tolle Show zu inszenieren. Aber es erfordert sehr harte Arbeit und großen Einsatz, eine reproduzierbare Qualität zu bieten. Die 1.368ste Vorstellung zwei Jahre nach der Premiere muss genauso gut sein, muss genauso präzise laufen wie die erste oder die siebte. Da darf es nicht passieren, dass hier mal eine Requisite fehlt und dort ein Bühnenbild nicht exakt positioniert ist. Nachlässigkeit bedeutet den Tod eines Stückes."*

'Reproduzierbare Qualität' - Dieser Begriff war für mich ein Schlüsselerlebnis. Genau das ist es, was ich unter Professionalität verstehe. Es verbindet Profession und Leidenschaft. Natürlich heißt es oft: *"Ja, man ist halt nicht jeden Tag gleich gut drauf."* Das mag wohl sein. Die Frage lautet, haben wir uns denn eine Möglichkeit geschaffen, wie wir besser drauf sein können? Schaffen wir es, uns zu motivieren, auch wenn es unser Umfeld nicht ist? Unter motivierten Menschen motiviert zu sein, ist keine Kunst. Können wir uns beliebig in die beste Stimmung versetzen? Das Publikum interessiert es nicht, ob bei einem Musical ein Sänger mal gerade nicht einen so tollen Tag hat, es will eine perfekte Show sehen. Für mich gilt ähnliches: Meine Seminarteilnehmer interessiert es nicht, ob ich heute mit dem linken Fuß aufgestanden bin, sie wollen ein erstklassiges Seminar erleben. Und deshalb tue ich viel, um diese reproduzierbare Qualität zu bieten. Sicherlich verhält es sich bei Ihnen ähnlich: Ihre Kunden (in der Apotheke) interessiert es nicht, ob Sie schlecht geschlafen haben oder Zoff in der Partnerschaft austragen, sie erwarten einen Profi und kein amateurhaftes Verkaufsverhalten.

Entweder Sie trainieren, dass Sie nicht von den unterschiedlichen Lebensbereichen emotionell zu negativ beeinflusst zu werden (was sehr schwer ist, denn Streit in der Partnerschaft ziehen Sie in den Beruf unbewusst hinein und Schwierigkeiten am Arbeitsplatz strahlen in den privaten Bereich aus) oder Sie bringen beide Bereiche ins Lot. Daraus ergibt sich dann eine stimmige positive Ausstrahlung.

Wir wissen, dass jede Teamsportart vom gemeinsamen Training lebt, ob es um Rudern, Fußball, Handball, Volleyball, Staffellauf o.ä. geht. Wer trainiert, wird besser, wer nicht mehr trainiert, lässt nach. Wie verhalten wir uns im Verkauf, speziell in der Apotheke? Auch hier sind wir als Team aufgerufen, eine reproduzierbare Qualität zu bieten. Das bedeutet Training! Üben wir doch miteinander ein Verkaufsgespräch, ein Reklamationsgespräch, ein Gespräch zur Therapieergänzung etc. Sicherlich ist dies ein 'Trockentraining'. Wenn wir es allerdings in der gestellten Situation schon nicht beherrschen (und zwar reproduzierbar professionell), wie soll es denn dann im Ernstfall funktionieren? - Mein Musiklehrer sagte früher oft zu mir: *"Wenn du ein Stück vor Publikum fehlerfrei spielen willst, dann musst du es zu Hause hunderte Male fehlerfrei gespielt haben, sonst hast du keine Chance."* Wie wahr! Fangen Sie zu üben an. Trainieren Sie immer wieder den richtigen Gesprächseinstieg, die Freundlichkeit auch in heiklen Situationen zu behalten und mit Einwand und Vorwand gekonnt umzugehen u.v.m.

Sprache ist die Kleidung der Seele

Achten Sie darauf, wie die Menschen über ihren Beruf sprechen. Zwischen den Zeilen lässt sich viel heraushören. Überprüfen Sie auch einmal Ihre eigene Ausdrucksweise. Manche Verkäufer haben nur mit 'blöden Kunden' zu tun und müssen 'Schei...produkte' verkaufen. Manch ein Computerhändler verhökert 'doofe Kisten' und Hausfrauen sagen 'stupider Job - immer das Gleiche - langweilige Hausarbeit - ewig dieses idiotische Staubwischen'. Die Liste lässt sich endlos erweitern.

Ich wäre vor Jahren beinahe Berufsmusiker geworden. Schon während meines Studiums musizierte ich viel mit Profis und hatte prima Engagements. Etwa zwei Monate vor dem zweiten Staatsexamen war ich so frustriert vom

Formeln lernen, Synthesen und Analysen pauken, dass ich beinahe alles hingeschmissen hätte und endgültig ins Lager der Berufsmusiker gewechselt wäre. Gott sei Dank habe ich mich eines anderen besonnen und mein Studium vollendet, denn es wäre ein 'Davonlaufen' gewesen, ein Drücken vor der Verantwortung, vor der Verbindlichkeit und vor der Konsequenz. Dieser Lernprozess hätte mich wohl immer wieder eingeholt und verfolgt, bis ich ihn begriffen hätte. Vielleicht ist es vollkommen unbedeutend, wie viele Ziele wir im Leben erreichen, aber das Aufgeben darf nicht zum Standard und zur Selbstverständlichkeit werden, da das Unterbewusstsein sonst lernt, es sei völlig normal, ständig aufzugeben.

Heute kann ich sagen, mein Musikerzeit war eine wichtige Erfahrung, in der ich viele schöne und erfüllte Stunden erleben und bei großartigen Aufführungen mitwirken durfte. Ich bin sehr dankbar für diese Zeit. Oft sagen Menschen zu mir: *"Schade, dass du das Musizieren aufgegeben hast."* Ich sehe es anders und denke mir: *"Schön, dass ich es gemacht habe."*

Allerdings gewöhnte ich mir damals eine (teilweise für Musiker übliche) nicht sehr wertschätzende Sprache an. Schnell wurde jeder Dirigent kritisiert, das Stück taugte nichts oder war für die doofen Zuhörer sowieso zu schade, die Sänger lagen wieder mal vollkommen daneben und so fort. Genauer betrachtet, spiegelt sich darin ein mangelndes Selbstwertgefühl. Wenn ich mir selbst nicht genug wert bin, dann sind mir es die anderen auch nicht!

Vielleicht erkennen Sie sogar eine Parallele zur eigenen Sprechweise oder zu der einiger Kollegen. Wie abfällig wird oft über bestimmte Präparate gesprochen oder wie schnell werden z.B. Behandlungsmethoden oder Heilverfahren unqualifiziert verurteilt, denken Sie nur an Naturmittel, Homöopathie, Akupunktur, psychosomatische Therapieansätze u.v.m. Wir sehen die Welt aus einem bestimmten Blickwinkel, den wir einmal erworben haben und diese Sichtweise wollen wir unbedingt verteidigen. So wird allem Neuen oder auch anderen Ansichten mit großer Skepsis begegnet.

Einige meiner damaligen Musikerkollegen waren ganz anders, was mich irgendwie begeisterte und trotzdem konnte (wollte!) ich aus meiner Haut nicht heraus. Sie sprachen sehr positiv von allen Mitwirkenden und den Zuhörern und sie wussten viel über die musikalischen Zusammenhänge einer Komposition. Mir gefiel damals die motivierende Art dieser Kollegen, ohne dass ich genau sagen konnte, woran es lag. Matthias, der Solo-Bassist im Philharmonischen Orchester Regensburg sagte häufig vor dem Auftritt zu mir: *"Heute hast du wieder eine Chance - wirst du sie nutzen?"* Der Satz klingt oft in meinem Ohr und motiviert mich auch jetzt noch in meinen Seminaren, gerade heute wieder mein Bestes zu geben.

In vielen Firmen zeigt die Art der Witze, die über Chef und Kollegen erzählt werden, deutlich die Einstellung zum Beruf und zu anderen Menschen auf.

Als meine Frau und ich vor Jahren eine Wohnung in Regensburg suchten, gingen wir zu einem großen Immobilienmakler. Beim Betreten der Büroräume - ich hatte den Türgriff noch nicht richtig losgelassen - schallte uns eine Stimme entgegen, "*kaufen oder mieten?*" Völlig verwundert sahen wir uns an und wussten nicht recht, wie uns geschehen war, was dann wohl auch der Herr merkte, der uns aus seinem Büro heraus angesprochen hatte. Er klärte uns auf, dass Kaufwünsche in den Büros auf der rechten Seite und Mietwünsche in den Büros auf der linken Seite bearbeitet werden. Heute noch denken wir schmunzelnd an die Episode zurück. Mir kommt sie oft in den Sinn, wenn ich Gespräche in Apotheken miterlebe.

Der Hochdruck unserer Leistungsgesellschaft spiegelt sich in der Sprache wider. Leider verfallen wir oft in einen Austausch rudimentärer Wortfetzen und im Kundengespräch klingt das dann so: "*Tüte?*" oder "*Quittung?*" oder "*`nen Kalender?*" oder "*alles dann?*" oder "*noch `n Pröbchen?*" o.ä. Mit Wertschätzung einem anderen Menschen gegenüber hat das nichts mehr zu tun, sondern signalisiert: "*Beeile dich, ich hab´ keine Zeit!*" Peinlich lächerlich auf die Spitze getrieben können Sie solche Situationen in Gaststätten erleben, wenn der Ober abgehetzt mit Schweißperlen auf der Stirn und einigen Tellern am Arm zu einem Tisch stürmt und in die hungrige Runde fragt: "*Schwein?*" oder "*Entenbrust?*" oder "*Eisbein?*"

Bitte achten Sie in Ihrer Kommunikation darauf, dass Sie sich mit Ihren Kunden (oder Mitmenschen) in ganzen Sätzen unterhalten. Das vermittelt ein großes Stück Höflichkeit und Achtung. In der Sprache lässt sich viel Respekt ausdrücken. Sprache ist die Kleidung der Seele. So wie jemand spricht, so denkt er. Ich hörte einmal den Satz: "*Worte sollten grundsätzlich Geschenke für andere Menschen sein."* Stellt das, was wir so den lieben langen Tag sagen, ein Geschenk für andere dar oder holen wir manchmal die Giftpfeile aus dem Köcher? Ich ertappe mich gelegentlich bei letzterem. Leider wird in unserer Gesellschaft mehr übereinander gesprochen als miteinander. Wir können einen Beitrag dazu leisten, dies in unserem Umfeld zu verändern.

Mit Achtsamkeit durchs Leben

Gern beobachtete ich früher Musiker, wie sie ihr Instrument behandeln. Hat jemand sein Instrument gern in der Hand, pflegt und hegt er es, kommuniziert er mit ihm, ist es eine Erweiterung der eigenen Resonanz oder nur ein Mittel zum Zweck, mit dem sich ein paar €uro bei einem Auftritt verdienen lassen. Diese Art der Leidenschaftsäußerung gibt es in allen Berufen und Bereichen. Wie schön ist es, einen Oldtimer Fan zu sehen, der sein Auto pflegt und mit dem Lappen noch gefühlvoll über eine Schraube an der Stoßstange wischt, kurz darauf haucht und anschließend nochmals poliert.

Ich beobachte oft meine Frau in der Küche, wie sie mit einer Liebe und Sorgfalt die Kochtöpfe pflegt, das Geschirr behandelt, als seien es nette Freunde und die Schränke und Armaturen umsorgt, als gehörten sie zur Familie. Ich bin überzeugt, dass sich diese Achtsamkeit auf die Qualität der zubereiteten Speisen überträgt. Ich wünschte mir, viele Verkäufer hätten solch einen Umgang mit ihren Produkten, dann würde das Einkaufen wohl den Kunden viel mehr Spaß machen. - Ich wünschte, unsere grundsätzliche Einstellung zur Arbeit wäre von dieser Denkweise geprägt, dann hätten die Ergebnisse unserer Arbeit eine weit bessere Qualität.

Dazu wieder eine kleine Geschichte: Ein buddhistischer Mönch hatte die Aufgabe, täglich den Hof zu fegen. Obwohl er dieses Amt schon seit 30 Jahren innehatte, fegte er jeden Tag mit einer fröhlichen Gelassenheit. Sein Ziel war es nicht, endlich jeden Schmutz zu entfernen, sondern den Hof nur für heute wieder im schönsten Glanz erstrahlen zu lassen. Die Ruhe und die Aufmerksamkeit, die er seit der langen Zeit täglich dem Hof entgegen brachte, schlug sich der Beschaulichkeit und in der Harmonie des Ortes nieder. Es wurde ein besonderer Ort der Kraft und der inneren Freude.

Es hat gute Gründe, warum in den fernöstlichen Kulturkreisen so große Geistesleistung vollbracht werden. Konzentration und Meditation setzen ungeahnte Kräfte frei. Und wie sieht es oft bei uns aus? Wenn wir sitzen wollen, dann stehen wir schon, wenn wir stehen wollen, dann gehen wir schon und wenn wir gehen wollen, dann laufen wir schon. Unsere Gedanken hasten uns stets voraus. Lenken Sie auf Ihr momentanes Tun 100 % Achtsamkeit: Auf ein Kundengespräch, auf das Kochen, Bügeln oder Staubwischen, auf das Autofahren, das Verpacken von Produkten oder das Ausarbeiten eines Textes, auf das Vorbereiten von Telefonaten oder womit sie sonst den ganzen Tag beschäftigt sind. Es gibt genügend Möglichkeiten, zu trainieren.

Tipps zum Umprogrammieren

Was tun, wenn einige Aufgaben erforderlich sind und dennoch nicht unsere große Leidenschaft darstellen? Ganz einfach: Umprogrammieren. Ein Beispiel dazu wird Ihnen schnell erläutern, was gemeint ist: Ein Supermarkt warb mit dem Satz: *"Wenn Sie bei uns an der Kasse länger als 5 Minuten warten müssen, ist Ihr Einkauf kostenfrei."* Nun ist 'Warten' im Allgemeinen ein negatives Kauferlebnis. Dieses Angebot eines Marktes stellte das Thema auf den Kopf. Plötzlich sahen die Menschen nicht mehr voller Unmut auf die Uhr, wie lange sie denn noch in der Schlange anstehen müssten, sondern zählten begeistert die Sekunden in der Erwartung, sie 'dürfen' länger als die besagten 5 Minuten warten. Diese Begebenheit zeigt deutlich, dass wir nahezu jede Meinung und jede Emotion dazu umprogrammieren können.

Fragen Sie sich bei ungeliebten Aufgaben: *"Was müsste denn geschehen, dass ich diese Aufgabe gern ausführe?"* Brauchen Sie ein dickes Lob dafür, so loben Sie sich. Oder wollen Sie sich mit einer Tasse Kaffee, einer Zigarette, einer kleinen Pause oder einem leckeren Abendessen belohnen - oder vielleicht ins Kino gehen oder sich mit 100,- € bezahlen? Möglicherweise lässt sich diese Arbeit delegieren und Sie können sich wichtigeren und motivierenden Diensten zuwenden.

Ein kleiner Tipp für Sie, der mehr bedeutet als nur eine sprachtechnische Spitzfindigkeit: Wir stehen so oft vor 'schwierigen Problemen'. Programmieren Sie sich sprachlich um: Statt 'schwierig' sagen Sie in Zukunft 'interessant'. Und statt 'Problem' sagen Sie bitte 'Aufgabe'. Plötzlich sind aus schwierigen Problemen interessante Aufgaben geworden. Das Leben stellt uns grundsätzlich nur Aufgaben, die wir lösen können. Dessen sollten wir uns immer bewusst sein. Jedes Problem ist ein Geschenk. Selbst wenn uns das Geschenkpapier nicht gefällt (die Umstände, die Lebenssituation, der Chef, der Kollege, der Partner ...), das eigentliche Geschenk ist die Erkenntnis, zu der wir durch das Lösen der Aufgabe gelangen. Natürlich können Sie sagen, *"hierbei handelt es sich um einen schwierigen Kunden (Kollegen ...)"*, damit stellen Sie ihn weit von sich weg. Mit Ihnen hat es ja nichts zu tun, der andere ist schwierig. Sagen Sie allerdings, es sei ein interessanter Kunde, so sind Sie wieder ins Geschehen mit einbezogen und können an ihm etwas lernen.

Ein Umprogrammieren ist also stets möglich. Sie entscheiden in jeder Minute Ihres Lebens, durch welche Brille Sie die Realität wahrnehmen wollen. Ich weiß, dass es in der Praxis nicht so leicht funktioniert, wie es in der Theorie aussieht. Was ich Ihnen hier vorschlage, sind Techniken, die wir brauchen, um in der Praxis etwas umsetzen zu können. Beides gehört zusammen: Die Technik und die Praxis. Was nützen Ihnen 1000 Liebestechniken, wenn Sie keinen Partner haben - und was nützt der Partner, wenn Sie nichts mit ihm anzufangen wissen.

Der Beruf: Hobby und Lebensaufgabe

Wir sollten uns zu unserem Beruf 'berufen' fühlen, es sollte Hobby und Lebensaufgabe sein. Menschen, die eine positive Einstellung zu ihrem Beruf haben, besitzen automatisch eine positive Ausstrahlung. Sie können andere begeistern und mitreißen. Denken Sie in diesem Zusammenhang an den Enthusiasmus und das Engagement von Künstlern, die oft Tage und Nächte am Stück an ihrer Arbeit sitzen, an Erfinder, die geistig in der Idee leben und Visionen für die Zukunft entwickeln. Ein Erfinder sagte einmal: *"Man muss besessen sein, um etwas zu schaffen."*

Arbeit kann mit Kämpfen nichts zu tun haben, denn sonst stimmt die Einstellung nicht. Welche Qualität wird das Ergebnis der Arbeit haben, wenn wir statt mit Freude und Motivation mit Widerwillen und Frust darangehen? Meine liebe Freundin Lena Lieblich, mit der mich viele intensive Gespräche verbinden, schrieb dazu eine Geschichte, die schöner nicht erzählt werden kann. Der RiWei Verlag gab mir freundlicherweise die Genehmigung zum Abdruck:

Der liebe Gott liegt gern auf dem Rücken und schaut sich die Decke an

So merkwürdig diese Überschrift der Geschichte auch klingt, so groß und so wahr ist doch ihr Inhalt und ihre Bedeutung. Zugetragen hat sich das Ganze so, dass ich ein Zimmer ausmalen sollte; auch die Decke, die mit Kassetten abgehängt war, musste mitgestrichen werden.

Die Ränder der einzelnen Kassettenplatten waren angeschrägt. Wenn man mit der Lammfellrolle darüber strich, so blieben die Rillen ohne Farbe und waren etwas dunkler, eben so wie die Decke vorher war.

Über Kopf arbeiten ist ziemlich anstrengend, vor allen Dingen habe ich nicht soviel Kraft. Auch die Farbspritzer im Gesicht und ab und zu in den Augen waren mehr als unangenehm. Nach ungefähr einer Stunde Arbeitszeit war ich an einem Punkt angelangt, wo ich einfach nicht mehr mochte. Die Decke war zwar fertig, aber die Rillen... Schnell, schnell fuhr ich noch mit der Kante der Lammfellrolle die Fugen entlang. Doch blieben immer wieder Lücken und größere Stücke ohne Farbe. Gerade als ich aufhören wollte, kam mir meine Einstellung wieder ins Bewusstsein: "Führe jede Arbeit so aus, als wäre es für den lieben Gott persönlich."

Natürlich formte sich sofort eine Geschichte um meine Arbeit, die in Verbindung steht mit meinem Wahlspruch.

In diesem Fall war es so, dass der liebe Gott als Besucher kommt und in diesem Zimmer wohnen wird. Natürlich ist er verkleidet, zwar nicht als Bettler, aber vielleicht als ganz normaler Besuch. Er liegt dann, weil er ja eine weite Reise hinter sich hat, rücklings auf dem Bett und schaut sich die Decke an, weil man sich da am besten entspannt. Natürlich wandert der Blick dann gerade auf die dunklen Stellen in den Rillen, die ich jetzt mit meiner Rolle nicht erwischt habe. Oh, wie peinlich! Ist doch die Botschaft einer solchen unvollständigen, schlampigen Arbeit ganz eindeutig!

Vielleicht überlegt er: "Wer hat denn hier ausgemalt? Hatte er keine Zeit oder keine Liebe zur Arbeit? Wusste denn dieses Kind nicht, dass Arbeit mit Freude ausgeführt, Kraft gibt und nicht Kraft nimmt? Wie unzufrieden muss doch dieses Kind sein!"

So wie ich mir diese Gedanken durch den Kopf gehen ließ, so kam auch die Erinnerung an frühere Arbeiten wieder in mein Bewusstsein. Es war wirklich so, dass Arbeit mit Freude getan, Kraft schenkte. Ich holte mir den kleinen Pinsel, nahm die restliche Farbe und fing an, die Rillen auszumalen, fein säuberlich, eine nach der anderen, und als ich halb fertig war, kam mir direkt der Gedanke: "Wie schade, dass die Decke nicht größer ist. Ab diesem Zeitpunkt hatte ich so viel Freude, dass ich am liebsten gejubelt hätte! Das Gefühl nützlich zu sein, seine Arbeit ganz sauber zu machen, alles ganz ordentlich zu hinterlassen, ist einfach herrlich!"

Unter ständigem Energiegewinn wurde ich mit meiner Arbeit sehr schnell fertig. Bemerkenswert war auch, dass die Farbe genau bis auf den letzten Tropfen gereicht hat und dass ich wirklich jede Stelle an der Decke erwischt habe.

Was ich noch als sehr bemerkenswert erwähnen will, ist, dass jetzt einige Wochen nachdem die Arbeit abgeschlossen ist, dieses Zimmer immer noch von dieser Kraft und dieser Freude erfüllt ist, die ich bei der Arbeit verspüren konnte. Wenn ich jetzt in das Zimmer gehe und die Decke sehe, quillt es freudig in mir auf! Dass ich die Arbeit so gut und so sauber gemacht habe, wird nun damit belohnt, dass diese Decke für mich ein Ort der Kraft geworden ist.

Solche Orte habe ich in meinem Wohnbereich viele. Wenn es mir einmal schlecht geht, weil ich erschöpft vom Einkaufen nach Hause komme, so genügt es, einmal durch die Wohnung zu gehen und die Stellen zu suchen, die ich mit dieser Einstellung und mit viel Freude gemacht habe. Innerhalb kürzester Zeit werde ich mit soviel Kraft und Freude erfüllt, dass es schier unglaublich ist.

Ich glaube auch, dass die Orte der Kraft nichts Besonderes oder Außergewöhnliches sind, sondern nur Orte, die mit einer besonderen Hingabe und Einstellung erstellt oder ausgeschmückt worden sind. Mein Ziel ist es, so viele meiner alltäglichen Handlungen wie möglich in einem Bewusstsein zu machen, dass sie ja für den lieben Gott sind.

Dass ich überall Orte und Zeichen der Kraft für mich und für meine Lieben setze. Gerade einfache oder besonders ungeliebte Arbeiten erweisen sich als besonders gute Übungsobjekte.

Mittlerweile weiß ich auch, dass der liebe Gott gerne auf dem Bauch liegt und den Boden anschaut oder auf der Seite liegt und betrachtet, ob eine Steckdose gerade eingebaut ist oder die Bilder richtig hängen. Manchmal macht er auch einen Kopfstand, da sieht die Welt dann wieder ganz anders aus. Doch oft sitzt er auch nur da und freut sich an meiner Arbeit.

(aus: Lena Lieblich: Kathi und andere Geschichten, RiWei-Verlag GmbH, Postfach 20 04 54, 93063 Regensburg, ISBN 978-3897580060, 10,80 €)

Die positive Einstellung zum Mitmenschen

Die wichtigste Person im Leben

"Immer steht die wichtigste Person gerade vor mir." Das gilt, wenn Sie in den Spiegel sehen, dann sind Sie sich im Moment die wichtigste Person (womit sich der Kreis zum Kapitel 'die positive Einstellung zu sich selbst' schließt) oder wenn Sie einen anderen Menschen vor sich haben, dann ist genau dieser Mensch in diesem Augenblick der wichtigste für Sie. Das kann ein Kunde sein, ein Freund, Ihr Partner, Kinder, Kollegen, der Chef oder sonst jemand. Und sogar wenn es eine sehr unangenehme Person oder ein 'schwieriger Kunde' wäre, dann hat es seinen Sinn.

Haben wir jedem Menschen gegenüber eine uneingeschränkt positive Einstellung? Auch wenn es sich z.B. um einen unangenehmen Menschen handelt? Die Hindus haben ein schönes Bild, sie sagen: *"Du kannst Gott in jedem Menschen begegnen"* - vielleicht sitzt er gerade als Bettler an der Ecke oder vielleicht zieht er gerade eine Rikscha - und ich ergänze für unsere westliche Welt, vielleicht steht er gerade als Kotzbrocken von Kunde vor Ihnen. Das Leben schickt Ihnen gerade einen Trainingspartner, der anklopft und sagt: *"Na, wie steht es denn mit deiner Lebenseinstellung? Lässt du dich von jeder Kleinigkeit aus der Bahn werfen oder stehst du gefestigt und motiviert, strotzend vor geistiger Kraft und Energie im Leben?"* Wäre es nicht toll, jede unangenehme Situation so zu betrachten, statt ständig nur nach Rechtfertigungen zu suchen, die uns ja doch nur in die Opferrolle drängen.

Lassen Sie uns doch einmal weggehen vom üblichen Rollendenken. Wir spielen in unserem Leben eine große Anzahl unterschiedlicher Rollen: die Rolle des Ehemanns/der Ehefrau, des Vaters/der Mutter, des Bruders/der Schwester, des Chefs, des Mitarbeiters, Stammtischbruders, des Sportskameraden, des Vereinsbruders, des Verkäufers, des Technikers und so weiter. In jeder Rolle wird ein anderes Verhalten erwartet. Nun lassen wir die Rollen einmal vollkommen außer Acht und erinnern uns, dass wir von unserer Persönlichkeit her alle gleich sind, so gibt es niemanden über uns, allerdings auch keinen mehr unterhalb von uns. Jetzt können wir den nächsten Schritt tun: Wir betrachten jeden Menschen als Lehrer! Wichtig dabei ist nicht, was er sagt, sondern was durch ihn geschieht. Und schon können wir von jedem (!) Menschen profitieren. Nicht zufällig treffen wir auf bestimmte Personen, sondern deshalb, weil wir gemeinsam Lernprozesse zu absolvieren haben.

Ich war vor einigen Jahren in Ostfriesland für eine Apotheke tätig. An zwei aufeinander folgenden Abenden hielt ich Seminar, tagsüber hatte ich frei. Ich setzte mich am Nachmittag ans Wasser, genoss die Ruhe und betrachtete die Schiffe. Da kam ein Penner auf mich zu. Er fragte höflich, ob er sich zu mir auf die Bank setzen dürfte, was ich bejahte und mich dabei innerlich fragte, was ich da wohl wieder verursacht hätte. Er erzählte mir viel aus seinem Leben, bekannte sich dazu, dass er gelegentlich etwas zu viel trank, aber ihm mache sein Leben richtig Spaß. Im Frühjahr heuere er für einige Zeit auf einem Schiff an, um ein wenig Geld zu verdienen und jedes Jahr im Herbst arbeite er auf einem anderen Schiff, das nach

Amerika fährt, dort besuche er dann seine Schwester. Es vergingen einige Stunden, bis er sich wieder verabschiedete. Zum Teil saßen wir nur schweigend nebeneinander. Auch Geld wollte er von mir nicht annehmen, da er alles hat, was er braucht und Geld nur abhängig macht. Ich ging in mein Hotelzimmer und war beeindruckt. Welch große Seele in einem solchen Menschen! An diesem Nachmittag lernte ich mehr fürs Leben als in einigen Jahren Hochschulstudium. Wie wenig braucht ein Mensch, um glücklich zu sein und wie einfach lässt sich die Welt betrachten.

Je weniger wir von einem Menschen wissen, desto leichter und schneller urteilen oder verurteilen wir ihn. Je genauer wir ihn kennen oder je mehr wir über ihn wissen, desto mehr weicht das Urteil dem Verständnis. Ein Beispiel: Haben Sie sich auch schon mal geärgert, wenn Sie mit 180 km/h auf der linken Spur der Autobahn dahindonnern und ein Stück vor Ihnen fährt ein Auto gemütlich langsam auf die linke Spur, um einen LKW zu überholen. Dieser Vorgang zwingt Sie zum kräftigen Abbremsen und vielleicht zu einem heftigen Schimpfwort. Hätten Sie gewusst, dass der Fahrer gerade einen Untersuchungstermin in einer Klinik hatte und dabei ein bösartiges Geschwür diagnostiziert wurde, dann würden Sie verstehen, wenn er mit seinen Gedanken nicht 100 %ig beim Straßenverkehr ist.

Ich habe eine ähnliche Situation erlebt: In meinem Heimatort passierte vor vielen Jahren ein tragischer Todesfall. Ein kleines Mädchen kam mit 4 Jahren bei einem Badeunfall ums Leben. Es ertrank, obwohl genügend

Badegäste da waren, eine Reanimation war zwecklos. Wahrscheinlich handelte es sich um einen Sekundentod, durch den dann das Ertrinken verursacht wurde. Der ganze Ort war erschüttert und trauerte mit der betroffenen Familie. Ich arbeitete damals in der Apotheke meiner Eltern und verfolgte nachstehende Situation durchs Schaufenster, als ich nach draußen auf die Straße sah. Zwei Tage nach dem Tod seiner kleinen Tochter wollte Franz S. von der Seitenstraße neben der Apotheke in die Hauptstraße einbiegen, musste allerdings warten, da einige Autos auf der Hauptstraße fuhren. Als eine Lücke im Verkehr entstand, wollte er gerade herausfahren, bremste aber doch nochmals, war etwas unentschlossen und fuhr dann aber doch los. Der Fahrer eines anderes Fahrzeugs (mit nicht einheimischen Kfz-Kennzeichen), das auf die Kreuzung zufuhr, musste bedingt durch das zögerliche Verhalten von Franz S. abbremsen und war darüber sichtlich erbost. Er schimpfte aus seinem Auto heraus, schüttelte den Kopf und zeigte schließlich Franz S. empört den Vogel.

Er verhielt sich so barsch, da er die Situation der anderen Person nicht einschätzen konnte. Hätte er ihn gekannt und gewusst, was ihm und seiner Familie widerfahren ist, dann hätte er behutsam gebremst und gedacht, *"ach ja der Franz hat zurzeit wirklich keinen klaren Kopf. Das kann ich wohl verstehen"*.

Wäre es nicht eine große Geste der positiven Einstellung zu anderen Menschen, immer anzunehmen, dass jemand für ein bestimmtes Verhalten einen Grund hat und nicht aus bösem Willen heraus etwas tut oder weil er einen anderen damit ärgern will? Leider gibt es auch hier wieder globale Programme, die uns an einer grundsätzlich positiven Einstellung zu unseren Mitmenschen hindern: 'Du kannst ja keinem trauen, jeder will dich nur bescheißen, die Menschen sind halt unehrlich, die Männer wollen alle nur das eine, die Frauen wollen dich nur ausnehmen, alles Betrüger' usw. Jeder Mensch rechtfertigt sein Verhalten vor sich immer so, dass er 'aufrichtig' vor sich selbst dasteht. Schön zu beobachten z.B. bei Mitarbeitern/innen, die sich gerade von ihrer Firma getrennt haben. Sie führen gute Gründe für sich an und machen meist das Unternehmen schlecht und für ihr Verhalten verantwortlich: *"Der Chef hat wenig Verständnis für meine Situation, er will jemanden, der Tag und Nacht für ihn arbeitet, außerdem bin ich dort fachlich unterfordert."* Fragen Sie dann den Chef für die Gründe der Trennung, hören Sie: *"Diese Mitarbeiterin fällt ja die meiste Zeit aus, weil ihr Kind oft krank ist, ins Team passt sie auch nicht optimal rein, und außerdem hat sie viel mehr private Interessen als berufliche."*

Das Gesetz der Resonanz

Es besagt, dass wir im Leben das anziehen, wofür wir aus irgendeinem Grund resonanzfähig sind. Das gilt für Lebensumstände, Menschen, Situationen, Krankheiten usw. Wenn wir also z.B. im geistigen Mangel leben, werden wir auch Mangel verursachen und anziehen. Wenn wir geistig in der Fülle, in Glück und Erfolg leben, dann werden wir dementsprechend die Fülle, das Glück und den Erfolg anziehen. Wenn wir für Ärger und negative Situationen resonanzfähig sind, wird das Leben uns immer wieder Ärger und unangenehme Ereignisse bescheren.

Ein Beispiel zur Resonanzfähigkeit: Sie erfahren ein bestimmtes neues Wort, dessen Bedeutung Sie bislang noch nicht kannten. Und plötzlich kommt Ihnen dieses Wort ständig unter, Sie lesen es in der Zeitung, sie hören es in jeder Diskussion, in den Nachrichten usf.

Oder Sie interessieren sich für ein neues Auto und gehen zum Händler. Dort lassen Sie sich das Fahrzeug erklären, fahren es zur Probe und nehmen sich noch Prospektmaterial mit nach Hause. Plötzlich sehen Sie überall diesen Fahrzeugtyp. Die Autobahnen und Landstraßen sind voll von eben diesem Auto, für das Sie sich interessieren. Auf jedem Parkplatz in der Stadt finden Sie 1, 2, 3 solche Fahrzeuge. - Es gab natürlich vorher schon genauso viele. Nur waren Sie noch nicht resonanzfähig dafür. Denken Sie in diesem Zusammenhang an das Beispiel mit dem Rundfunkgerät in Kapitel 3.

Nehmen wir das Beispiel eines Buches: Sie lesen zu einer bestimmten Zeit ein bestimmtes Buch und ziehen daraus etliche Erkenntnisse. Wenn Sie nun das Buch nach zwei Jahren nochmals lesen (und vielleicht auch wieder ganz genau durcharbeiten), werden Sie feststellen, dass Sie ganz neue und wieder andere Einsichten gewonnen haben, obwohl es immer noch dasselbe Buch ist. Sie haben inzwischen neue Erfahrungen gemacht und sind dadurch resonanzfähig für andere Erkenntnisse geworden.

Überprüfen Sie Ihre Ausstrahlung gerade jetzt im Moment. Ist sie so, dass sie das verursacht, was Sie haben wollen? Sind Sie gerade in der Resonanz für das, was Sie wollen? Stellen Sie sich vor, Sie würden sich jetzt in diesem Moment selbst begegnen. Wären Sie von sich begeistert oder würden Sie insgeheim denken, *"na ja mit dem/der ist ja wohl auch nicht viel los"*. Wenn nicht, dann verändern Sie Ihre Schwingung.

Das Gesetz der Resonanz ist also dafür zuständig, was wir im Leben anziehen. Wir senden den ganzen Tag Energie bestimmter Schwingungen aus, die wiederum bestimmte Ereignisse in unser Leben ziehen. Nichts passiert also rein zufällig, sondern deshalb, weil wir es verursacht haben. Niemand verursacht natürlich unangenehme Situationen bewusst. 99 % davon laufen auf der unterbewussten Ebene ab. Dennoch ist es möglich, bewusst steuernd einzugreifen, indem die Resonanz (resonare, lat: widerhallen, zurücktönen) verändert wird.

Wenn Sie Frieden wollen, ist es wichtig, friedvoll zu werden und nicht für den Frieden zu kämpfen. Friedensdemonstranten, die in Reibereien mit der Polizei geraten, zeigen doch sehr deutlich, dass es nicht um Krieg oder Frieden geht, sondern um Aggressionspotentiale im Menschen, die auf der äußeren Ebene der Demonstration ausgetragen werden.

Wenn Sie den idealen Partner wollen, dann fangen Sie an, selbst der ideale Partner zu werden. Überlegen Sie doch einmal: Was würde denn der ideale Partner mit Ihnen anfangen, solange Sie noch nicht ein ideales Gegenstück sind? Wenn Sie den idealen Chef wollen, dann beginnen Sie, der ideale Mitarbeiter zu werden, sonst kann Sie doch der ideale Chef nicht brauchen. Wenn Sie den idealen Mitarbeiter wollen, dann werden Sie der ideale Chef, denn sonst ist der ideale Mitarbeiter bei Ihnen fehl am Platz. Wenn Sie Liebe empfangen wollen, ist die Voraussetzung dafür, Liebe zu geben und liebevoll zu sein.

Die Welt, die wir wahrnehmen, ist eine Art Spiegel für uns. Was wir als störend wahrnehmen, ist irgendwo in uns ein Bereich, der zum Schwingen gebracht wird. Wir lehnen etwas ab, was wir nicht leiden können, meist deshalb, weil dieser Teil bei uns zu kurz kommt oder wir uns nicht gestatten, ihn zu leben. Z.B: Haben Sie mit Ihrem Körpergewicht zu 'kämpfen', sehen Sie bei anderen Menschen genau diese Stellen sehr kritisch an und sagen, *"ein paar Pfund weniger würden ihr/ihm auch nicht schaden"*. Ist bei Ihnen zu Hause alles fast zu fein säuberlich aufgeräumt und Sie besuchen jemanden, bei dem dies nicht so ist, fällt schnell eine Bemerkung, *"so wie es bei denen aussieht ..."*. Vielleicht haben Sie die 'Aufräumerei' unbewusst schon lange satt und gestatten sich nicht, dass gelegentlich bei Ihnen auch mal Unordnung herrschen darf. Denn Ihnen steht auch Freizeit zu und zwar nicht erst dann, wenn alles aufgeräumt und in Ordnung ist (da können Sie lange warten!). Beim anderen fällt es uns leichter auf, wir kritisieren es, anstatt zu fragen, *"worauf macht es mich im Leben aufmerksam, was stört mich so dabei?"*

Mich stört oft, wenn andere unproduktiv und uneffektiv sind. Dabei macht mich das Leben nur darauf aufmerksam, aus meinem Programm 'ich muss immer viel arbeiten' auszusteigen. Die Prägung dazu kam durch Muster, wie: 'sei fleißig', 'zuerst die Arbeit und dann das Vergnügen', 'ein anständiger Mensch arbeitet ordentlich', 'ohne Fleiß kein Preis', 'das Leben ist ein Kampf' usw. Mein Lernprozess heißt, das 'Dolce Vita' mehr zu pflegen, mir Zeiten zu gönnen, in denen ich nur zum Fenster hinaussehe oder in der Sonne liege.

Bei mir muss alles schnell gehen, ich mag nicht, wenn ich warten soll, wenn Verzögerungen eintreten etc. Und was spiegelt mir das Leben? Das Warten. Ich bekomme doch immer wieder diesen Lernprozess: Ein Stau auf der Autobahn, der ICE verspätet sich um eine halbe Stunde und ich erreiche den Anschlusszug nicht mehr, die Lieferung der Gartenmöbel verzögert sich um zwei Wochen oder der Maler kann erst in zwei Monaten kommen. Nun könnte ich mich (Reparatur am Außen) bei allen beschweren und über die Unpünktlichkeit wettern, was natürlich nichts nutzt. Ich weiß, dass die Geduld mein Lernthema ist. Ich gehöre zu denen, die Gott um Geduld bitten nach dem Motto: *"Herr, schenke mir Geduld, aber sofort!"*. Ich nehme inzwischen den Lernprozess dankend an, weil er mich auf etwas aufmerksam macht und nehme eine

Haltung an: "*Wohin will ich denn so schnell? - Die Ewigkeit liegt vor mir.*"

Wenn wir verändern wollen, hat es keinen Sinn, am Außen umzuformen (niemand käme auf die Idee, morgens im Bad sein Spiegelbild zu rasieren oder schminken), sondern eine Wandlung kann nur in uns stattfinden. Dann wird sich auch das Außen verändern.

In der Partnerschaft kennen wir dieses Phänomen: Zu Beginn herrscht eitler Sonnenschein, wir verstehen uns und sind voller Harmonie (weil wir uns gegenseitig unsere angenehmen Seiten spiegeln). Nach einigen Jahren wandelt sich die Situation: Wir beginnen, uns gegenseitig unsere weniger angenehmen Seiten zu spiegeln. Statt zu erkennen, was mir mein Partner über mich mitteilt, gehen wir in die Abwehrhaltung, verurteilen und sagen: "*Du hast dich ganz schön verändert. Wenn ich das nur früher gewusst hätte.*" Und wir wechseln leichter den Partner als die schlechten Gewohnheiten. Als Außenstehender fällt die Betrachtung bei anderen leichter. Vielleicht kennen Sie jemanden, der schon dreimal verheiratet war und Sie denken sich: "*Der/die kommt doch immer wieder an die/den Gleiche/n, immer wieder ein/e Mann/Frau, der/die ihn/sie ausnimmt.*" Klar, wenn uns Dr. Alltag einen Lernprozess schickt, der für uns zu absolvieren ist, dann kommt er so lange und so oft, bis wir es kapiert haben.

Also, wir haben stets den Partner, den wir brauchen (er ist unser Meisterlehrer), wir haben stets die Arbeit, die gerade zu uns passt, wir haben so viel Geld, wie wir im Moment wert sind, wir haben die Nachbarn, die für uns angesagt sind, wir haben den Chef, der für uns richtig ist und wir haben die Mitarbeiter, die unserer Schwingung entsprechen. Wir leben in den Umständen, für die wir resonanzfähig sind.

Beachten wir diese Gesetzmäßigkeit, können wir jedem Menschen gegenüber eine positive Einstellung haben, da jeder in einer ganz bestimmten Weise dazu beiträgt, dass wir mehr über uns erfahren können. Jeder Mensch bringt uns ein Stück weiter und kann unser Lehrer sein.

Lob – eine Zauberformel

Ein ehrliches Lob motiviert extrem stark. Goethe sagt: *"Behandle die Menschen so wie sie sind, dann werden sie schlechter. Behandle die Menschen, wie sie sein sollen, dann werden sie besser."* Ein Lob anderen Menschen gegenüber ausgesprochen, erhöht dessen Selbstwertgefühl und die eigene Ausstrahlung. Warum lechzen wir denn so nach dem Lob von anderen? Na sehr einfach: Weil wir uns selbst zu wenig loben (s. Kap. 3 'Liebe deinen Nächsten wie dich selbst'). Wir suchen im Außen wieder das, was wir uns im Innen selbst zu wenig geben. Würden wir uns selbst genügend loben und dadurch unser eigenes Selbstwertgefühl verbessern, dann ist ein Lob anderer eine nette Geste, eine freundliche Zugabe, die wir gar nicht unbedingt brauchen. Das Lob kann motivieren - und das ist ein Vorteil. Leider haben wir verlernt, mit Lob umzugehen. Jemand lobt uns mit den Worten: *"Oh, finde ich toll, du hast heute einen schönen Pulli an."* Schon haben wir nichts besseres zu tun, als es sofort abzuwerten: *"Ach, den habe ich ja ganz günstig im Winterschlussverkauf erstanden"* - oder *"den habe ich doch schon seit 10 Jahren"* - oder *"der ist ja nur mit Perwoll gewaschen"* oder sonst etwas. Unsere Programme schlagen wieder zu: 'bleib bescheiden - gib nicht so an - sei sparsam - Schuster bleib bei deinen Leisten' usw. Wie reagiert unser Gegenüber langfristig, wenn er unterbewusst merkt, dass wir sein Lob nicht annehmen? - Richtig, er lässt es bleiben. Und so sind wir zu einer Gesellschaft geworden, in der das Lob äußerst sparsam eingesetzt wird.

Das Thema Loben und Danken hat für uns zwei Lernbereiche:

1. Lernen Sie, ein Lob anzunehmen mit dem einfachen Wort: 'danke'. Sie brauchen kein schlechtes Gewissen dabei haben. Freuen Sie sich ehrlich, von anderen eine positive Rückmeldung zu erhalten. Leider sitzt ein eigenartiges Denken in uns: Erhalten wir ein Lob, zucken wir schon zusammen, weil wir auf das berühmte 'aber' warten. So oft in der Erziehung erlebten wir diese völlig unsinnige Kombination.

2. Teilen Sie freizügig ehrliches Lob an andere aus. Viele leben nach dem Motto: *"Nicht geschimpft, ist gelobt genug."* Jeden Tag gibt es an Menschen in Ihrem Umfeld soviel Positives zu bemerken. Sensibilisieren Sie sich dafür und sagen Sie es den Menschen. Bitte greifen Sie bei einem Lob immer nur einen Punkt heraus und geben Sie die Begründung dazu, warum es für Sie wichtig ist. Ein Beispiel: *"Danke Frau Schubert, dass Sie gestern Abend noch dem Kunden die Tabletten vorbeigebracht haben. Ich freue mich, dass Sie eine so engagierte Mitarbeiterin sind und ich mich auf Sie*

verlassen kann." Oder auch dem Kunden gegenüber ist oft ein Lob angebracht, *"danke, dass Sie ein so treuer Kunde sind, mir macht es viel Spaß Sie zu betreuen"*. Ja selbst unter den Kollegen kommt es stets gut an (wenn es ehrlich gemeint ist), *"danke, dass du mit mir so gut zusammenarbeitest, ich habe es bei meiner früheren Arbeitsstelle schon einmal anders erlebt und deshalb schätze es besonders"*. - Ja, vor allem in der Partnerschaft vergessen wir, wie wichtig ein Lob ist. Stattdessen nehmen wir alles als selbstverständlich hin und glauben, die Beziehung heißt 'Partnerschaft', weil der Partner schafft.

Das Wort 'danke' hat eine enorm große Wirkung, die wir viel zu wenig nutzen. Gäbe es nicht jeden Tag so viele Gelegenheiten, ein kleines und ehrliches 'danke' jemandem zu sagen, im Beruf, im Freundeskreis, in der Partnerschaft, den Kindern oder Eltern gegenüber? Beobachten Sie im Gesicht der anderen Person, welche Veränderung durch ein Lob eintritt: Die Ausstrahlung verändert sich, die Augen beginnen in einer stillen Art zu leuchten und die Stimme nimmt einen runderen Klang an.

Die Dankbarkeit sollte für uns zu einem bewussten und aktiven Handeln werden, denn sie zieht genau das, wofür wir dankbar sind, noch stärker in unser Leben. Gleichgültig wem Sie dankbar sind, ob der Schöpfung, der Erde, dem Universum, Gott, einer höheren Macht oder wie Sie es bezeichnen mögen, Gründe dafür bestehen genügend, denn ich glaube, wir dürfen dankbar sein, in diesem Land zu leben, in diesem Jahrhundert auf der Welt zu sein, diesen Bildungsstand zu haben, Freunde und Kritiker zu haben (die Freunde ermuntern uns, jeden

Tag das Beste zu geben und Kritiker fordern uns heraus, jeden Tag das Beste zu geben), genügend Geld zu haben, dass wir uns das leisten können, was wir wirklich brauchen, gesund zu sein, jedes Jahr in den Urlaub fahren zu können, ein Haus oder eine eigene Wohnung zu haben. Merken Sie, wie viele Anlässe existieren? Noch nicht genug? Dann sind Sie dankbar für alles, was Sie sich leisten können, für Ihre Fähigkeiten, die Sie sich erworben haben, für Ihre Kleidung, für Ihren Wohlstand, für Ihre Eltern (auch wenn Sie auf Ihre Eltern schimpfen, sie haben Sie immerhin dorthin gebracht, wo Sie heute sind), für Ihre Kinder, für Ihre Verwandten, für Ihr Hobby, für jeden Tag, an dem Sie Großartiges tun dürfen. Danken Sie für das Geschenk des Lebens. Ich gehe deshalb so intensiv darauf ein, weil wir die Technik später noch bei den Übungen für die positive Ausstrahlung brauchen.

Matthew Henry war ein Gelehrter, der in sehr bescheidenen Verhältnissen lebte. Er lieferte ein Paradebeispiel für die Dankbarkeit, als ihm seine Brieftasche gestohlen wurde. Er war weder sauer noch niedergeschmettert, sondern schrieb in sein Tagebuch: *"Lass mich danken. Zunächst, weil ich nie vorher bestohlen wurde. Zweitens, weil man mir mein Geld, nicht aber mein Leben genommen hat. Drittens, weil es nicht viel war, das man mir nahm - wenn es auch alles war, was ich gegenwärtig besitze. Und viertens, weil ich der Bestohlene und nicht der Dieb bin."* - Vielleicht denken Sie einige Minuten über diese Weisheit nach.

Kritik kann hilfreich sein

Haben Sie sich schon einmal beobachtet, wie Sie mit Kritik umgehen? Wir neigen schnell dazu, uns in unangenehmen Situationen zu verteidigen. Sofort kommt das Programm 'ich habe Recht' und wir beginnen wieder die Schlacht. Oder fühlen Sie sich durch Kritik verletzt und gedemütigt? Dann wollen Sie wieder einmal Mitleid, denn sind Sie in die Opferrolle gegangen. Können Sie den anderen trotz seiner Kritik immer noch schätzen oder verurteilen Sie ihn, weil er Ihnen zeigt, dass Sie in seinen Augen nicht makellos dastehen? Alles Fragen, die es lohnt, zu überdenken, um die eigenen Muster und Programme kennen zu lernen.

Jede Kritik (auch eine emotionale und 'unbegründete') ist eine helfende Kritik. Der andere hat sich zumindest schon mal mit Ihnen beschäftigt. Vielleicht hat er noch nicht die richtigen Worte gefunden, es Ihnen auf eine bessere Weise zu sagen. Ja, vielleicht hat er nie die Möglichkeit gehabt, seine kommunikativen Fähigkeiten zu verbessern. Ihnen bleiben mehrere Arten der Reaktion auf so eine Kritik. Sie könnten daraus einen Nutzen ziehen und erwidern, *"oh danke, dass du mich auf diese Eigenschaft aufmerksam machst, mir ist es noch gar nicht aufgefallen"*. Oder Sie könnten entgegnen, *"ja danke, ich weiß es schon und arbeite daran, bin allerdings noch nicht perfekt in diesem Bereich"*. Oder Sie lassen es wertfrei stehen und sagen, *"Ja, ich kann verstehen, dass das Ihre Meinung ist"*. Selbst wenn der andere sagt, *"du dumme Kuh"* oder *"du doofes Rind"*, könnte es sein, dass er sich schlichtweg irrt. Jeder Mensch hat das Recht, sich zu irren. Gestehen Sie es ihm zu.

Warum lassen wir von anderen so oft auf den Knopf drücken und beginnen, uns aufzuregen? Was trifft, trifft zu. An diesem Satz mag wohl etwas dran sein, wenn wir ihn unter dem Gesichtspunkt der Resonanz betrachten. Wenn uns irgendetwas in Rage bringt, hat es mit uns (bewusst oder unbewusst) zu tun. Es bringt in uns noch etwas zum Schwingen. Würde ich Sie beschimpfen und sagen 'Du Mörder/in', würde sich in Ihnen kaum etwas regen, da Sie dazu keine Resonanz haben. Würde ich allerdings Sie als 'Lügner/in' schimpfen, dann kommt schnell Widerstand, da die meisten Menschen wohl schon mal am Rande der Wahrheit gewandelt sind und einen Bezug zu dem Thema haben.

Ein guter Tipp für solche Situationen besteht darin, dass Sie - wenn Sie merken, es fängt gerade in Ihnen zu kochen an - den anderen ehrlich fragen *"wie meinen Sie das?"* Manchmal werden Sie erkennen, dass der andere gar nicht auf den Knopf drücken wollte oder dass er sich sofort am Riemen reißt und seine Überreaktion zurücknimmt. In jedem Falle bleibt Ihnen ein wenig mehr Zeit zu reagieren, als wenn Sie gleich lospoltern.

Kritisieren ist immer leichter als Verstehen. Das können Sie schnell bei allen möglichen Gesprächen feststellen, bei denen Leute die Politiker kritisieren: *"Die haben keine Ahnung von ihrem Ressort"*, *"große Klappe und nichts dahinter"*, *"denen geht es nur um das eigene Geld"*. Menschen, die ihre Chefs verurteilen: *"der weiß doch gar nicht, was hier läuft"*, *"wie so einer überhaupt so weit kommt"*, *"wenn der selbst einmal was arbeiten würde"*. Menschen, die andere erniedrigen: *"Dem ist doch immer schon alles zugeflogen"*, *"wie kann jemand nur so einen Blödsinn machen", "ich will es im Urlaub einmal so schön haben wie der bei der Arbeit"*. Über etwas abfällig zu reden, ist eben leichter als sich selbst verantwortungsvoll einzubringen. Stammtischdiskussionen und Familientreffen sind ein beliebter Tummelplatz für Menschen dieser Kategorie.

Auch wenn Sie einmal mit der Handlung eines Menschen nicht einverstanden sind, versuchen Sie sich trotzdem in ihn hineinzuversetzen, um zu verstehen, was die Triebfeder für sein Verhalten gewesen sein könnte. Nur so können wir derartige Situationen zum Lernen und Verbessern nutzen.

Die Welt braucht unsere Kritik und unser Urteil nicht. Sie braucht unsere Liebe, unsere Verantwortung und unser Verständnis.

Die Kunst der Kommunikation

Wir kommunizieren über die Sprache und über Körpersprache. Letztere hat einen höheren kommunikativen Stellenwert als die Sprache. Mir liegt fern, hier eine Systematik der Sprache und Körpersprache niederzuschreiben. Dazu gibt es viele gute Bücher. Ich will hier auf einige Gesichtspunkte eingehen, die einen großen Einfluss auf das Miteinander-Umgehen haben. Körpersprache läuft unbewusst ab, wenn wir also einem anderen Menschen gegenüber eine positive Einstellung haben, dann wird es der Körper in irgendeiner Form ausdrücken, ebenso bei einer negativen Einstellung. Meist sind solche Signale nicht auf der bewussten Ebene erkennbar. Ein anderer Mensch allerdings bekommt über sein Unterbewusstsein Botschaften über Sympathie und Antipathie mit. Die Umgangssprache gibt dafür viele Beispiele ('Den kann ich nicht riechen, der stinkt mir, jemand steht mir nicht zu Gesicht').

Zur Körpersprache gehören Mimik, Gestik, Blickkontakt, Haltung, Abstand und im weiteren Sinne noch der Geruch.

Gerade die Mimik ist für einen Verkäufer das wichtigste Kapital. Im 'Normalzustand' blicken wir meist viel zu ernst drein und spiegeln die Schwere des Lebens wider. Sehen Sie sich Menschen an, die durch ein Einkaufszentrum hasten oder in einer Fußgängerzone herumlaufen, sie sehen selten fröhlich und freundlich lächelnd aus. Wenn Sie dann auch noch die Unverfrorenheit besitzen, diese Menschen anzulächeln, erschrecken viele. Nur wenige lächeln zurück. Als Frau einfach nur so einen Menschen anzulächeln, gilt schon fast als Aufforderung zur Kontaktaufnahme. Wenn ein Mann eine Frau anlächelt, wird es schnell als Anmache gedeutet. Ich finde es schon ein wenig traurig, dass in unserem Kulturkreis das freundliche Lächeln so verkommen ist. In Japan heißt es, *"wer nicht Lächeln kann, sollte kein Geschäft eröffnen"*. Wäre dies uneingeschränkt in unserem Kulturkreis gültig, dann bleibe uns im Einzelhandel gottlob so manches Unternehmen erspart.

Wer mit sich selbst im Reinen ist, sich in seiner Haut wohl fühlt, seinen Beruf liebt und anderen Menschen gegenüber positiv eingestellt ist, der kann stets mit einem kleinen Lächeln auf den Lippen durchs Leben gehen.

Wenn Sie jemandem etwas Positives erzählen wollen und dabei den Kopf verneinend schütteln, wird Ihre Botschaft fragwürdig sein, ein Verhalten, das leider oft bei Verkäufern zu beobachten ist. Unser Unterbewusstsein glaubt der Körpersprache mehr als der Sprache. Probieren Sie es aus, sagen Sie zu Ihrem Partner *"Schatz, ich liebe Dich"* und schütteln dazu den Kopf. Ob er Sie wohl ernst nimmt? Fangen Sie an, solche Kleinigkeiten in Gesprächen immer wieder zu beobachten und spüren Sie, wie es auf Sie wirkt. Es wäre allerdings unhöflich, andere ständig darauf aufmerksam zu machen. Eine stimmige Körpersprache hat als erstes mit eigener Wertschätzung zu tun und mit Wertschätzung der anderen Person. Gerade im Verkauf ist es wichtig, stimmige Gesten zu machen, wenn Sie ein Produkt anbieten, da Ihnen sonst niemand abnimmt, dass Sie selbst überzeugt sind.

Der Blickkontakt zeigt dem anderen Aufmerksamkeit und Zuwendung. Fehlender Blickkontakt vermittelt mangelndes Interesse oder ist ein Zeichen, dass das Gegenüber nicht mehr bei Ihren Worten ist, sondern bei einem bestimmten Punkt einige Sätze vorher ausgestiegen ist. Halten Sie in Ihren Gesprächen den Kontakt mittels der Augen, denn Sie erkennen mit einiger Übung recht genau, wie Ihr Gesprächspartner denkt, ob er der Sache positiv gegenübersteht oder noch irgendwelche Zweifel hat.

Im Abstandverhalten, das wir normalerweise gar nicht mit der Körpersprache in Verbindung bringen, ereignen sich viele 'Betriebsunfälle auf unterbewusster Ebene'. Ich nehme ein Beispiel aus einem ganz anderen Bereich. Wie fühlen Sie sich, wenn Sie auf der Autobahn mit 180 Sachen links fahren und ein anderes Auto drängelt von hinten und sitzt Ihnen mit ca. 1,5 m Abstand auf der Stoßstange? Den meisten wird heiß und kalt, sie fühlen sich gedrängt und bedroht, ja es kommt einem persönlichen Angriff nahe. Dieses Verhalten rührt aus dem Zwischenhirn, dort ist Körpersprache verankert. Kommt uns jemand z. B. in einem Gespräch zu nahe ('er rückt uns zu nah auf die Pelle'), reagieren wir unbewusst mit einer Abwehrhaltung, denn wir sind von einigen imaginären Kreisen umgeben. Der engste Kreis (ca. 50 cm Radius) wird als Intimzone bezeichnet, zu der nur Menschen Zutritt haben, die uneingeschränktes Vertrauen zu uns besitzen (Familienmitglieder etc.). Wer die Intimzone eines anderen missachtet, der missachtet oft den anderen Menschen in seiner Gesamtheit oder er will sehr dringend dort aufgenommen werden, was leider durch sein (meist zu aufdringliches) Verhalten zuverlässig verhindert wird. Es beginnt ein Teufelskreis, je stärker er sich nähert, desto intensiver produziert er Abwehr. Das gemeine an der Sache ist wieder, dass alles auf einer nicht bewussten Ebene abläuft, solange wir nicht ein relativ gutes Wissen über solche Vorgänge haben. Versuchen Sie zukünftig sensibel bei diesem Thema zu werden, dann ersparen Sie sich viele negativen Empfindungen bei sich und bei anderen.

In einem Bereich unseres Gehirnes sitzt 'die Amygdala, der Mandelkern'. Dort werden emotionale Erlebnisse gespeichert, ohne dass oftmals eine Verbindung zum Erinnerbaren besteht. Wir wissen manchmal nicht, warum wir in einer bestimmten Art und Weise reagiert haben, es hat einfach so in uns reagiert. Und in Grenzsituationen werden wir immer so handeln. Das kommt vor, wenn wir in bestimmten Fällen überreagieren und hinterher denken, *"warum habe ich eben so heftig reagiert, es war wohl ein wenig übertrieben"*. Besonders gut können Sie dies bei der Kindererziehung erleben. Es kommen Reaktionsmuster hoch, die aus der eignen Erziehung stammen und uns nicht mehr bewusst sind. Natürlich geht es nicht an, in die Opferrolle zu gehen und zu sagen, *"ich bin halt so"*, sondern die Aufgabe besteht in einem Umprogrammieren, was durch stetes Training funktioniert.

Ich war in Düsseldorf bei einem Kommunikations-Kongress, der zwei Tage dauerte. Beim Abendessen war ein großer Tisch für die Referenten reserviert, an dem wir zusammen mit den Veranstaltern saßen. Die Unterhaltung im Kreis der Kollegen war recht angeregt und doch störte mich bei meinem Tischnachbarn etwas. Ich wusste anfangs nicht, was es war, er schien mir aus einem unerfindlichen Grund nicht so sympathisch. Da ich mich ja viel mit Programmen und psychologischen Projektionen beschäftige, wollte ich der Sache auf den Grund gehen. Ich testete in meinem Empfinden einiges ab und plötzlich merkte ich, es hatte nichts mit der Person zu tun, er war ein äußerst liebenswürdiger und begeisternder Mensch. Es war sein Eau de Toilette, das bei mir negativ geankert war. Und hier lässt sich oben Gesagtes genau bestätigen. Ich wusste nicht mehr - und weiß es auch heute noch nicht -, mit welcher (mir anscheinend nicht so sympathischen) Person es zusammenhing, es musste bestimmt Jahre zurückliegen. Ich konnte keine Verbindung mehr zum Bewussten, zu den logischen Verkettungen herstellen. Obwohl ich also wusste, dass nur eine simple Projektion abläuft, hatte ich Mühe, meinem Nebenmann volle Sympathie zu schenken. Es funktionierte schließlich, indem ich mir immer wieder klarmachte, dass diese Verbindung von Geruch und Person nichts miteinander zu tun hatten.

Vielleicht haben Sie solche Erfahrungen auch schon mal gesammelt, die Sie nun besser einordnen und bewusst verändern können. Eine ähnliche Projektion läuft manchmal bei Namen ab. Sie kennen jemanden, den Sie absolut unsympathisch finden. Lernen Sie nun irgendwann eine Person mit dem gleichen Vornamen kennen, übertragen Sie eine negative Einstellung über die Brücke des Namens auf diesen Menschen. Das funktioniert im Positiven mit Vorschusslorbeeren und im Negativen mit Vorurteilen. Sie würden Ihrem Kind nie den Vornamen eines Ihnen verhassten Menschen geben!?

Einiges zum Thema Sprache: Hierzu gehören die Sprachmelodie, der Sprachrhythmus, die Stimmhöhe, die Lautstärke, die Sprechgeschwindigkeit und die Pausen. Durch die Sprache lässt sich einer anderen Person gegenüber viel Respekt ausdrücken. Der Sprachrhythmus ist ein Synonym für den Dialekt. Wer den Dialekt von Menschen nicht mag, der mag meistens die Menschen nicht. Auch hier läuft die Kette der negativen und positiven Verknüpfung. Kennen Sie einen ganz lieben Menschen mit einem bestimmten Dialekt, dann urteilen Sie selten negativ über diesen Dialekt.

Auch stellt es ein Zeichen der Höflichkeit dar, sich in seiner Sprechgeschwindigkeit auf das Gegenüber einzustellen. Ist er mehr von einer langsameren Art geprägt, wird er sich überfahren fühlen, wenn Sie extrem schnell mit ihm sprechen. Genauso ermüdend empfindet es ein schnell sprechender Mensch, wenn Sie langsam und langatmig Details ausführen.

Im Verkaufstraining gibt es spezielle Ausdrücke, die als Sperrworte bezeichnet werden und nach Möglichkeit eingeschränkt werden sollen: Das leidige Wort 'muss': *"das muss ich Ihnen erst bestellen", "das muss ich erst anfertigen", "da muss ich zuerst einmal den Chef fragen", "da müssen Sie warten, bis Sie an der Reihe sind"* etc. Dieses 'muss' drückt immer einen Zwang aus und vermittelt, dass etwas unangenehm, umständlich und unwillkommen ist. Besser sind Ausdrücke wie *"das bestelle ich Ihnen gleich", "das fertigen wir ganz frisch für Sie an", "ich frage gern einmal für Sie beim Chef nach", "bitte gedulden Sie sich noch einen kleinen Moment, ich bin sofort für Sie da"*. Sehen Sie es allerdings bitte nicht zu isoliert, denn auch hier gilt, das WIE ist wichtiger als das WAS. Lieber sagen Sie solche Ausdrücke in einem freundlichen Ton als die bessere Formulierung in einem forschen oder überheblichen Unterton.

Das Wort 'aber' kann auch zu einem Fallstrick werden - es ist die parfümierte Keule, denn es kehrt das Gesagte genau ins Gegenteil um: *"Da haben Sie schon Recht, aber ..."* Hat er dann Recht? - Nein, eben nicht. *"Das sehe ich auch so, aber ..."* wirklich?!

"Ich habe keine Zeit" - ein Satz, der in der heutigen Zeit wohl sehr oft gebraucht wird und dennoch nichts anderes als eine dicke Lüge darstellt. Die Zeit wurde auf diesem Planeten wohl am gerechtesten verteilt. Jeder hat gleich viel. 24 Stunden am Tag - siebenmal pro Woche. Selbst

der Präsident der Vereinigten Staaten von Amerika hat nicht mehr Zeit als Sie und ich. Richtiger und ehrlicher wäre wohl 'es ist mir nicht wichtig genug' (das Essen mit den Müllers, der Besuch bei der Schwiegermutter, die private Verabredung mit dem Partner, die Spielstunde mit den Kindern etc.). Vor dieser entlarvenden Ehrlichkeit haben wir natürlich Angst, weil der andere dann eine schlechte Meinung von uns hat. Wenn er uns allerdings schon so unwichtig ist, dass wir Zeit mit ihm verbringen, könnte es uns auch unwichtig sein, was er von uns denkt?! Überlegen Sie sich einmal, was Ihnen in Ihrem Leben alles wichtig ist (s. Kap. 6), dann werden Sie in Zukunft behutsamer mit dem Satz 'keine Zeit' umgehen.

Dann gibt es Formulierungen, die schlagen (geistig) dem Gesprächspartner ins Gesicht: *"Da haben Sie mich falsch verstanden"* - heißt doch übersetzt fürs Unterbewusstsein *"mein Gott bist du blöde, ich hab´s so toll erklärt, aber du bist zu dumm, es zu verstehen"*. Es schiebt den schwarzen Peter dem anderen zu. Ich vergebe mir doch nichts, wenn ich sage, *"oh, ich habe schon gemerkt, dass ich mich nicht so klar ausgedrückt habe"* und der andere kann es leichter annehmen.

Zugrunde liegt die Kunst, richtig mit Ich-Botschaften und Du-Botschaften umzugehen. Bleiben wir zunächst beim obigen Beispiel. Der Ausdruck *"Sie haben mich falsch verstanden"* stellt diese Du-Botschaft dar. Dadurch wird das Weltbild des anderen verletzt und suggeriert, mit ihm sei etwas nicht in Ordnung und in der darauf folgenden Diskussion geht es ums Recht-Haben und nicht um den Inhalt der Botschaft. Ähnlich verhält es sich bei *"du machst immer alles falsch", "du lässt ständig deine Sachen liegen", "Sie sehen das völlig falsch"* etc. Für den anderen wird es leichter annehmbar mit einer Ich-Botschaft: *"Ich habe mich nicht so gut ausgedrückt", "ich fühle mich nicht so wohl, wenn hier alles herumliegt", "ich habe da eine ganz andere Sicht, darf ich sie Ihnen einmal aufzeigen ..."* Diese Darstellung ermöglicht, bei der Sache zu bleiben und nicht auf Rechtfertigungen und Gegenangriffe steuern zu müssen. Immer wenn etwas unangenehm erscheint, empfiehlt sich eine Ich-Botschaft, im umgekehrten Fall macht sich die Du-Botschaft gut, was die Werbung schon lange erfolgreich einsetzt: *"Sie sparen"* statt *"wir gewähren Ihnen Rabatt", "Ihr Vorteil bei der Sache"* statt *"wir bieten Ihnen", "Sie erhalten"*.

Nehmen Sie generell positive Worte in Ihren Sprachschatz auf. Jedes positive Wort bewirkt eine positive Emotion und jedes negative Wort ruft eine negative Emotion hervor. Verwenden Sie daher immer wieder Worte, wie *"ja, gern, sicher, einverstanden, selbstverständlich, klar, natürlich"*.

Ein schönes Testfeld für die positive Einstellung zum Mitmenschen ist das Thema Reklamationen. Wie verhalten wir uns, wenn ein reklamierender Kunde zu uns kommt? Stehen wir ganz auf seiner Seite und versuchen wir unser Möglichstes zu tun oder denken wir, was diesem Idioten wohl einfiele, sich so zu verhalten?

Lernen Sie in solchen Fällen, andere Menschen mit ihren Emotionen anzunehmen - auch wenn Sie ärgerlich sind. Aggressionspotentiale, die sich entladen, werden stets auf der emotionalen Beziehungsebene ausgetragen.

Der Kunde hat das Recht, auch mit einer Reklamation willkommen zu sein.

Die Gefühle zu akzeptieren, heißt noch lange nicht, die Argumente zu akzeptieren. Es kann durchaus sein, dass Sie seine Gründe nicht in Ordnung finden oder dass Sie auf seinen Wunsch letztendlich nicht eingehen. Verständnis für seine Verärgerung können Sie dennoch aufbringen.

Behandeln Sie nie eine Reklamation, wenn Sie gerade in Eile sind, sondern nehmen Sie sich uneingeschränkt Zeit für den Kunden. Hören Sie ihm aufmerksam und aktiv zu, indem Sie durch ein Kopfnicken, ein *"ja"*, ein *"hm"*, ein *"verstehe ich"* Zuwendung signalisieren. Unterbrechen Sie ihn nicht, sondern lassen Sie ihn aussprechen. Vorsicht, stellen Sie nicht zu früh Fragen oder bieten Sie nicht zu früh Lösungen an, sonst zwingen Sie den Kunden in die Informationsebene, in die er wegen seines Ärgers noch nicht zu wechseln bereit ist.

Zeigen Sie Verständnis durch Sätze, wie *"es tut mit leid, wenn Sie verärgert sind"* oder *"ich kann gut verstehen, dass Sie sich darüber geärgert haben"* oder *"aus Ihrer Sicht ist das völlig in Ordnung"* oder *"wenn Sie es so sehen, kann ich das verstehen"*. Fangen Sie bitte jetzt nicht an, sich zu rechtfertigen, sondern warten Sie ab. Meist fängt der Kunde mit seiner Beschwerde wieder von vorne an. Zeigen Sie immer noch Verständnis. Eventuell wiederholt sich der Vorgang zwei- bis dreimal. Erst wenn alle Emotion raus ist, lässt sich auf der Informationsebene verhandeln.

Vom Wert der Freundschaft

In meiner Latein-Abiturarbeit hatten wir einen Text von Cicero zu übersetzen: 'Vom Wert der Freundschaft'. Darin heißt es: *"Tatsächlich durchzieht die Freundschaft, ich weiß nicht wie, das Leben aller Menschen, und man kann sein Leben einrichten, wie man will: Die Freundschaft lässt sich nicht aussperren ..."*

Meine Frau und ich besuchten einmal gemeinsam ein Seminar und unter anderem ging es um das Thema Freundschaft. Wir stellten die Eigenschaften zusammen, die wir von einem guten Freund erwarteten. Er soll ehrlich sein, sich Zeit nehmen, zuhören können, einen guten Rat geben, loyal sein, lustig und fröhlich sein, er soll da sein, wenn es uns nicht besonders gut geht u.v.m. Unser Seminarleiter fragte uns dann, ob auch wir diese Eigenschaften in eine Freundschaft mit einbringen würden oder sie nur vom anderen fordern. Das wäre ja die Voraussetzung für die Freundschaft, dass wir zunächst das einbringen, was wir auch vom andern uns wünschen.

Dann ergänzte der Seminarleiter eine wichtige Eigenschaft: Ein guter Freund sollte sich mit einem freuen können, wenn es einem selber gut geht. Es war ein Schlüsselerlebnis für meine Frau. Sie machte unbewusst genau diese Erfahrung. Sie arbeitete damals bei einer großen Firma in der Konstruktion und brachte für den Nachbau eines bestimmten Teils einen Verbesserungsvorschlag ein, bei dem das Unternehmen pro Jahr ca. 100.000 DM einsparte. Und von der Einsparsumme des ersten Jahres erhielt ein Mitarbeiter 20 %. Gabi bekam diese Prämie und war zu Recht sehr stolz. Sogar ein Bericht mit Foto wurde damals in der deutschlandweit erscheinenden Firmenzeitung veröffentlicht. Schon immer war Gabi in der Firma recht beliebt und hatte viele Freundinnen, mit denen zusammen sie alles mögliche unternahm. Plötzlich hatte sich etwas gewandelt. Viele tuschelten hinter ihrem Rücken und sprachen sie - wahrscheinlich aus Neid - nicht mehr an. Und so machte sie ihre Erfahrung mit der gemeinsamen Freude in einer Freundschaft. Wenn es einem schlecht geht, sind immer noch viele da, die helfen, Mitleid zeigen oder trösten. Aber wie sieht es aus, wenn es einem gut geht? Da sind es plötzlich wenige, die sagen, *"finde ich toll"*, *"ich bin stolz auf dich"* oder *"ich freue mich ehrlich über deinen Erfolg"*. Wer sich in solchen Situationen mit einem freuen kann, gehört bestimmt zu den echten und guten Freunden.

Können Sie sich neidlos mit anderen freuen? Wenden Sie für gute Freundschaften entsprechend viel Zeit auf oder glauben Sie, dass es da automatisch funktionieren müsste? Für wen oder was nehmen wir uns oft den lieben langen Tag Zeit? Kommt nicht manchmal die Pflege wirklich guter Freundschaften zu kurz?

Wer kann richtig zuhören?

Eine wichtige Eigenschaft in der Wertschätzung anderer Menschen besteht darin, zuhören zu können. Oft läuft ein Gespräch doch so ab, dass der eine nur immer wartet, bis der andere Luft holt, um dann - ungeachtet dessen, was der andere berichtet hat - seinen eigenen Monolog zu pflegen.

"Wir waren in diesem Jahr in Griechenland im Urlaub." - "Wir sind nach Italien gefahren, das Wetter war ja großartig." - "Bei uns war die erste Woche recht durchwachsen aber das Hotel war richtig toll." - "Nein, bei uns war es sehr laut, wir schliefen zur Straße und jede Nacht gab es tausend Feiern." - "Ja also wir wollen schon viel Ruhe haben, allerdings auch kulturell einiges erleben."

Keiner hört dem andern richtig zu, sondern will nur seinen Teil loswerden. Wirkliches Zuhören geht völlig anders. Lassen Sie doch mal die eigenen Gedanken weg und konzentrieren sich auf den anderen. Hören Sie aktiv zu, indem Sie Fragen stellen, durch Ihre Körpersprache Interesse bezeugen und Worte der Aufmerksamkeit einfließen lassen. Wenn Sie Ihrem Gesprächpartner einige Zeit aufmerksam zuhören, ohne ihn zu unterbrechen, wird er Ihnen auch Aufmerksamkeit schenken.

In Untersuchungen wurde immer wieder festgestellt, dass Berater von Kunden Bestnoten erhielten, ohne etwas Wesentliches gesagt zu haben. Sie haben sich auf die Kunst des aktiven Zuhörens besonnen. Hierfür gilt ein unteres Zeitlimit von 5 Minuten. Viel mehr muss gar nicht sein. Die Verkäufer fragten z.B. die Kunden, wie sie denn mit dem gekauften Gerät zu Recht kämen und ob sie zufrieden seien und ließen die Kunden dann einige Minuten erzählen. Nach dem Gespräch von Dritten angesprochen, sagten diese Kunden, wie nett, freundlich und kompetent sie eben beraten wurden. - Wäre es nicht toll, dieses Verhalten in Ihrem Beruf einmal zu erproben? Sie werden viel Lob ernten.

In Zukunft gibt es für Sie auch keine langweilige Party mehr, da Sie sich darauf konzentrieren können, von möglichst vielen Menschen möglichst viel zu erfragen: *"Wo sind Sie geboren, wo haben Sie Ihre Kindheit verbracht, wie sind Sie zu Ihrer Berufswahl gekommen, was war eine wichtige Situation in Ihrem Leben, wie haben Sie Ihren Partner kennen gelernt, welche Bücher waren für Sie die wichtig"*, um nur einige Beispiele zu nennen.

Kurzes Fazit

Ein Trainer sagte in einem Verkaufsseminar: *"Das Seminar wäre eigentlich auf 2 Minuten erledigt, das Wichtigste, was Sie brauchen, ist der Satz: Sie müssen Ihre Kunden wirklich mögen."*

Da ist viel dran und zwar nicht nur für den Verkauf. Wer sich selbst mag, mit sich im Klaren ist, der kann auch den anderen Menschen gegenüber eine positive Einstellung haben. Sie ist vielleicht nicht angeboren, kann allerdings durchaus erlernt werden - wenn es Ihnen wichtig genug ist!

Übungen für die positive Ausstrahlung

Verändern lohnt sich

Warum sollten wir überhaupt etwas verändern? Warum sollten wir uns ständig motivieren? Ist es denn gut, ein 'Überflieger' sein zu wollen? Nun, solange wir uns absolut wohl fühlen und ein wirklich erfülltes Leben führen, brauchen wir keine großen Anstrengungen vollbringen. Diejenigen allerdings, die so weit gekommen sind, haben meist viel dafür getan. Den wenigsten Menschen wurde eine positive Lebenseinstellung und eine positive Ausstrahlung bereits in die Wiege gelegt.

Bevor Sie jetzt zu kritisieren beginnen nach dem Motto, *"ach, wahrscheinlich funktioniert das ohnehin nicht hundertprozentig und bei mir ist das sowieso anders"*, fassen Sie sich lieber ein Herz und beginnen einfach mal. - Auch wenn es anfangs noch nicht so perfekt aussieht. Das macht nichts. Lieber 50 %ig beginnen als 100 %ig zögern. Es mag sein, dass nicht alles, was ich Ihnen hier vorstelle zu 100 % funktioniert, wer allerdings ständig mit dem Finger auf Defizite zeigt, der will davon ablenken, dass er an sich selbst etwas verbessern könnte und er richtet seinen Blick schon wieder auf das Negative, auf die Möglichkeit des Scheiterns. Stellen Sie sich vor, nur 20 % von allem würde funktionieren, das wäre doch phantastisch! Wer stets um 20 % verbessern kann, befindet sich sicherlich auf einem erfolgreichen Weg.

Wer nicht an sich arbeitet, an dem arbeiten die anderen. Wir werden ständig programmiert (oder manipuliert). Bewusst und unbewusst erhalten wir täglich z.B. schon einmal 5.000 Werbeinformationen: Firmenembleme,

Zigarettenmarken, eine Biersorten, Logos, Slogens, kurz irgendetwas, das uns eine werbende Information transportiert. 80 % davon geschieht auf der nicht bewussten Ebene. Dieses Programmieren klappt ausgezeichnet: Viele Menschen wissen, 'wer so sauber putzt, dass man sich drin spiegeln kann', wie wir auch morgen noch 'kraftvoll zubeißen' können, was 'quadratisch, praktisch, gut' ist, was Menschen 'nicht immer, aber immer öfter' trinken, dass 'Geiz geil ist' oder wer 'teuer hasst', wer 'doch nicht blöd ist' oder 'einfach gut ist' usw.

Wie leicht wir zu programmieren sind, zeigt, dass diese Sprüche sofort erinnert werden und abrufbar sind. Ebenso gut können wir uns selbst programmieren. Ich denke dabei an unsere eigene Motivation.

Unser Umfeld ist nicht daran interessiert, dass wir mit viel Kraft und Energie durch die Welt laufen. Die anderen haben es lieber, wenn wir darüber jammern, wie schlecht es uns geht. Jammern ist allerdings der Trostpreis. Wer sich positiv von der Menge abheben will, der muss sich selbst positiv beeinflussen.

Eine enorm wichtige Eigenschaft auf diesem Weg stellt die Beharrlichkeit dar. Thomas Edison brauchte mehr als 1000 Versuche, um die Glühbirne zu erfinden. Er sah nicht Misserfolge, sondern stellte jedes Mal wieder erfolgreich fest, dass er diesen Weg ausschließen könne. Und er wusste, dass es nur eine begrenzte Anzahl an Wegen gäbe. - Oder nehmen Sie Walt Disney. Er wandte sich mit seiner Idee an eine Bank, die ihm Geld geben sollte. Die erste Bank lehnte dies ab. Die zweite auch und die dritte wieder usw. Er ging zu mehr als 4.000 Banken und stellte unaufhörlich seine Idee vor, bis er jemanden von seinem Projekt überzeugen konnte. Was daraus wurde, zeigt uns die Geschichte. - Wären Sie so beharrlich gewesen? Ich hätte diese Energie wahrscheinlich nicht aufgebracht.

Nicht das Beginnen wird im Leben belohnt, sondern das Durchhalten. Schon im Altertum war bekannt, dass der Weg zum Erfolg über das stetige Wiederholen führt. Es dauert, bis wir Verhalten langfristig verändern, um daraus neue Gewohnheiten zu schaffen. Aus Wiederholungen bestimmter Tätigkeiten oder Vorgehensweisen entwickeln sich Rituale. Das hat mit Esoszene und spiritistischen Handlungen nichts zu tun. Rituale sind vollkommen wertfrei und seit Jahrtausenden auf diesem Planeten im Einsatz. Kinder brauchen in der Erziehung Rituale, weil es Haltepunkte sind. Kinder lieben auch die Wiederholung, sie wollen ein bestimmtes Spiel immer wieder gleich hintereinander spielen, für uns Erwachsene eine langweilige Angelegenheit. Wie sie ins Bett gebracht werden, wie sie gewaschen und gewickelt werden - alles Rituale. Ein bestimmtes Kuscheltier muss genau da liegen, ein anderes dort …

Machen wir einen großen Sprung ins Erwachsenenalter: Rituale, wo Sie hinsehen: Ob Sie sich in einem japanischen Lokal die Schuhe ausziehen, bei der Hochzeit ein weißes Kleid tragen, an Weihnachten einen Christbaum aufstellen, im Bierzelt zu Blasmusik schunkeln, vor Gericht den hohen Herren mit den Amtsroben begegnen oder im Fußballstadion die La-Ola-Welle machen.

Sehen sich nur mal auf einem Parkplatz um, welches Ritual viele Menschen beim Absperren ihres Fahrzeugs vollführen. Sie drücken die Fernbedienung, sehen nach, ob sich die Knöpfe in der Tür versenkt haben, gehen dann mit prüfendem Blick ums Auto, probieren an einer Tür, ob wirklich zu ist, dann entfernen sie sich und nach einigen Metern kehren sie doch nochmals zurück, um sich zu vergewissern, ob auch der Kofferraum versperrt ist.

Rituale stammen aus religiösen Handlungen, bei denen der Form- und der Inhaltsaspekt zu gleichen Teilen vertreten waren. Wir haben heute leider - wie bei vielen anderen Dingen - beide Aspekte getrennt und wollen nur noch die Form, ohne uns um den Inhalt zu kümmern. Als Volk der Wohlstands- und Anstandstrinker konsumieren wir Alkohol, um von der Hektik abschalten zu können. Mit dem Ritual des Bacchusfestes der Antike hat es nichts mehr zu tun. Seit der Hippiezeit ist es 'in', einen Joint zu rauchen, um auf einen Trip zu gehen. Früher wurden Rauschmittel von 'Suchenden' genommen, um spirituelle Gottes-Erfahrungen zu machen.

Rituale sind weder gut noch schlecht. Sie sind das, was wir daraus machen. Leider haben gerade wir Deutsche ein getrübtes Verhältnis dazu, denn unsere politische Vergangenheit zeigte, wie missbräuchlich mit Ritualen umgegangen werden kann. Im dritten Reich wurde bewusst damit gearbeitet und Menschen beeinflusst, denn Rituale bauen Felder auf. Die Felder des 'Gleichschwingens' sind eine enorme Macht und tragen den Einzelnen (Marschieren im Gleichschritt ist leichter und spart Energie).

Ob Sie Turnübungen oder Meditationen in einer Gruppe machen, es geht leichter durch das Feld der Masse. In Kirchen, in denen seit Jahrzehnten, ja vielleicht Jahrhunderten gebetet wird, entstehen über diese Felder besondere Orte intensiver Kraft. Ein Feld entsteht ebenso, wenn 30.000 Fans in einem Stadion 'ihre' Mannschaft anfeuern. Also, das Ritual ist weder gut noch schlecht, es kommt nur darauf an, mit welcher Ethik wir es einsetzen.

Wir brauchen also - wenn wir mit den Übungen für die positive Ausstrahlung beginnen - bestimmte Rituale, um Felder aufzubauen.

Machen Sie bestimmte Übungen immer zur gleichen Zeit, besorgen Sie sich ein ganz besonders schönes Arbeitsbuch dazu oder suchen Sie sich Ankerpunkte, die Sie an etwas Bestimmtes erinnern, z.B. immer wenn Sie ins Auto ein- oder aus dem Auto aussteigen, wenn Sie das Haus verlassen oder den Fernseher einschalten.

Es steht immer noch die Frage offen, warum wir uns selbst motivieren sollten. Hier zwei wichtige Gründe:

1. Die berufliche Ebene: Wir können es uns heute nicht mehr leisten, Menschen mit einer negativen Grundeinstellung im Betrieb zu haben. Eine faule Tomate macht das ganze Team kaputt. Denken Sie an die Geschichte mit Herrn Fröhlich in Kapitel 2. Ein Kunde hat das Recht, von einem Profi bedient zu werden. Sicherlich sind wir nicht jeden Tag in gleich guter Stimmung. Wenn wir allerdings schlecht gelaunt sind, brauchen wir eine bestimmte Technik, um sofort unsere Emotion verbessern zu können. Das heißt nicht, ständig herumzulaufen und 'juhu' zu rufen, sondern wenn es erforderlich ist (z.B.

im Beruf), eine positive Stimmung für sich selbst zu erzeugen. Das heißt genauso wenig, jegliche negative Gedanken zu verdrängen oder Emotionen nicht zuzulassen. Bevor wir lernen, damit umzugehen, müssen wir sie zunächst einmal wahrnehmen. Daran scheitern schon viele. Es ist in Ordnung, negative Gefühle zuzulassen und sie zu verarbeiten, wenn damit aber 80 % der Arbeitszeit ausgefüllt sind, gibt es akuten Handlungsbedarf.

Sehen wir uns zwei Blickwinkel an, wie wir uns oft im Unternehmen sehen und wie uns der Kunde sieht. Das erste Bild: Sie halten eine Tüte mit Kirschen in der Hand, nehmen eine heraus, um sie zu essen, bemerken allerdings, dass sie faulig ist. Sie werfen die Kirsche weg und nehmen sich eine neue. Das zweite Bild: Sie haben eine schöne große Sahnetorte vor sich und schneiden lustvoll ein Stück heraus. Beim Reinbeißen merken Sie, dass die Sahne sauer ist, und der Tortenboden steinhart. In diesem Falle würden Sie sich wohl kaum ein zweites Stück Torte abschneiden, um es zu probieren. - Das genau ist der Unterschied. Wir sehen uns mit unserem Team als Tüte mit Kirschen. Taugt eine nichts, nehmen wir die nächste. Wenn ein Mitarbeiter nicht so besonders gut ist, hat ja der Kunde die Möglichkeit, einen anderen zu wählen. - Der Kunde sieht unser Team wie die Torte. Taugt ein 'Stück' nichts, geht er hinaus und sagt *"Sch...laden"*.

Aus diesem Grund besteht unsere Aufgabe darin, hochmotiviert und einzigartig als Verkäufer zu sein. Einmal nur gut zu sein, reicht nicht. Die Qualität müssen wir jeden Tag wieder aufs Neue beweisen. Unsere Kunden stimmen jeden Tag wieder aufs Neue mit ihren Füßen ab, wo sie ihr Geld ausgeben. Sind wir mit von der Partie oder nicht?

2. Der persönliche Bereich: Macht denn das Leben nicht mehr Spaß, wenn wir voller Zuversicht, mit Mut und Schwung ans Leben gehen? Bei manchen Menschen hat das Leben mehr den Charakter des 'Überlebens'. Alles nur Kampf - an allen Ecken und Enden, Freude kommt da nicht auf.

Auf unserem Lebens-Schreibtisch stehen drei Ordner. Einer trägt das Rückenschild 'Vergangenheit', der andere 'Gegenwart', wieder der andere 'Zukunft'. In welchem Ordner blättern Sie am liebsten. Besteht Ihr Leben darin, ständig in der Vergangenheit zu wühlen (positiv oder negativ, das spielt keine Rolle)? Viele suchen die permanente Entschuldigung für ihre Trägheit, ihr Versagen oder ihr Fehlhandeln in der Vergangenheit *("ich hatte es so schwer, die Zeit damals, wir konnten uns nichts leisten, alle haben mich nur ausgenutzt, ich hatte nie eine Chance")* oder sie schwelgen im Goldbad der Vergangenheit *("ja früher war alles viel besser, was wir damals alles gemacht haben, wir waren früher noch jemand ...")*. Das Zweite ist nicht besser als das Erste. Beides kostet Energie und bringt kein Ergebnis. Die Vergangenheit ist vorbei, wir haben nichts mehr mit ihr zu tun, außer wir kochen immer wieder die alte Suppe auf und vergiften uns jedes Mal aufs Neue mit den darin enthaltenen Fäulnisbakterien. - Wenn Sie beim Autofahren dauernd in den Rückspiegel sehen, wie wird wohl die Qualität Ihres Fahrstils sein, wie erfolgreich werden Sie Ihr Fahrzeug durch den Verkehr steuern?

Oder leben Sie ganz im Hier und Jetzt? Das wäre schön, in jedem Moment bei sich zu sein. Tiere können das. Sie kennen nur die Gegenwart. Sagen Sie zu Ihrem Hund, *"jetzt gehen wir spazieren"*, freut er sich. Sagen Sie es am Nachmittag nochmals, freut er sich wieder. Er wird kaum nachdenken und überlegen *"nanu, wir waren doch heute schon"*. Glücklich sein, geschieht jetzt im Moment und nicht irgendwann in einer fernen Zukunft, wenn die Schule endlich vorbei ist, wenn wir die ersehnte Ausbildung gemacht haben, wenn wir den richtigen Partner gefunden haben, wenn wir dann noch Kinder haben, wenn ein eigenes Heim dazukommt, wenn aus den Kindern was Ordentliches geworden ist und schließlich das Haus abbezahlt ist - nein, dann sind wir auch nicht glücklich, sondern nur alt.

Wir haben gelernt, so viel zu machen, 'um zu'. Wir arbeiten hart, um später mal ein schönes Leben zu genießen. Wir lernen, um später zu Ansehen zu kommen. Das basiert auf dem Motto: 'Tu dies, dann bekommst du das'. Wieder und wieder tricksen wir uns mit dieser fadenscheinigen Art der Motivation aus. Es sollte ein großes Ziel sein, mehr im Jetzt zu leben und es zu genießen.

Oder blättern Sie am liebsten im Ordner der Zukunft? Pläne und Wünsche, die wir haben, was alles noch ins Leben eintreten soll - vollkommen in Ordnung, allerdings muss wiederum die Tendenz stimmen. Sich nur in die Zukunft zu flüchten und zu vergessen, was jetzt zu tun ist, macht nicht glücklich. Wieder andere haben, meist auf einigen negativen Erfahrungen aufbauend, abwertende Zukunftsprogramme. Wenn sie vor einer neuen Aufgaben stehen, kommen gleich Muster hoch, wie 'ja wenn das so einfach wäre, das schaffe ich sicher nicht, das haben schon ganz andere versucht, warum sollte es ausgerechnet diesmal klappen'.

Um es klar zu sagen, mit jedem der drei Ordner sollten wir uns beschäftigen - in einer angemessenen Art, ohne einen zu bevorzugen und den anderen zu benachteiligen. Die richtige Mischung und ein ausgewogenes Verhältnis sind entscheidend.

Was gibt Kraft und Energie?

Eine wichtige Vorübung für die Motivation besteht darin, sich (am besten wieder schriftlich) zu überlegen, was Ihnen Kraft und Energie liefert.

Diese Zeilen schreibend sitze ich am Sonntagmorgen in unserem Garten auf der Holzbank unter dem Kirschbaum. Der Himmel ist wolkenlos und die Sonne wärmt mich bereits am Rücken. Wir haben ein großes Grundstück mit herrlichem Blick weit in die Natur. Ich schaue auf unseren Bauerngarten und betrachte die Fülle der Natur an Obst und Gemüse. Gestern haben wir ein abgeerntetes Beet umgestochen und die Erde erneuert. Sicherlich liegt der überwiegende Anteil der Gartenarbeit bei meiner Frau, da ich oft auf Seminarreise bin. Sie pflegt und hegt alles in ihrer liebevollen Art, kennt all ihre Pflanzen und Blumen beim Vornamen und spricht mit ihnen als gehörten sie zur Familie. Ich bin fest davon überzeugt, dass die Pflanzen das spüren. Auch ich helfe soweit es geht gern mit, um in der Natur etwas zu schaffen, denn es bietet einen idealen Ausgleich für mich und gibt mir viel geistige Kraft und Motivation.

Unser Haus ist in einem 90 Grad Winkel angelegt, bei dem eine Achse die Wohnung darstellt, in der anderen Achse liegen die Büros. Selbst von meinem Schreibtisch aus sehe ich in unseren Garten und weit in die Landschaft hinein. Ich beobachte oft unsere zwei Lauf-Enten, wie sie im satten Gras vergnüglich nach Schnecken schnattern. Neben meinem 'normalen' Büro habe ich mir inzwischen ein weiteres 'Kreativbüro' eingerichtet, in dem meine große Verstärkeranlage steht, die ich bei den Seminaren dabei habe. Dort sitze ich oft gemütlich, höre Musik und entwickle neue Ideen. Auch der größte Teil dieses Buches ist dort entstanden.

Spannung und Entspannung gehören unmittelbar zusammen wie bei einem Bogen, dessen Geheimnis genau in der wechselseitigen Beziehung dieser beiden Punkte besteht. Das Abschießen des Pfeils wäre sonst nicht möglich. Diese Gesetzmäßigkeit gilt genauso fürs Leben. Leider wird oft besonders im beruflichen Bereich das Verhältnis mehr zu Gunsten der (An-)Spannung verschoben.

Gern ziehe ich mich zurück und genieße mit zwei lieben Freunden ausgedehnte Saunaabende. Oft sitzen wir lange nur schweigend zusammen oder wir diskutieren angeregt über neue Ideen. Solch ein Abend (manchmal nehmen wir uns auch einen ganzen Tag dafür Zeit) bringt an 'kreativem Input' oft mehr als ein ganzer Tag am Schreibtisch.

Gern bin ich auch mit mir ganz allein, z.B. wenn ich mit dem Zug auf Reisen bin. Hier kann ich ganz ungestört lesen, Konzepte bearbeiten oder einfach nur aus dem Fenster sehen und auf Einfälle warten. Diese können nur 'ein-fallen', während ich in der Ent-Spannung bin. Wenn also der geistige Hörer des Telefonapparates aufgelegt ist. Ebenso verhält es sich im Leben: Solange ich voller Anspannung mache und tue, ist die 'Leitung belegt' und es kann niemand anrufen, das Leben ist nicht in der Lage, mir Einfälle zu schicken.

Warum erzähle ich so viele Geschichten aus meinem Leben? Ganz einfach, weil Sie an praktischen Beispielen die Gesetzmäßigkeiten besser erkennen können. Es ist wichtig, genau zu wissen, was Kraft und Energie gibt. Nehmen Sie sich dafür Zeit und halten Sie genau fest, welche Orte für Sie Kraftspender sind, bei welcher Musik Sie sich wohl fühlen, welche Düfte Sie inspirieren, welche Bilder Ihnen das Gefühl von Harmonie, Ruhe, Gelassenheit, Freude, Dankbarkeit oder Aktivität vermitteln. Bei welchen Menschen fühlen Sie sich wohl und welche Menschen strahlen Energie auf Sie aus. Sie haben bestimmt schon einmal bei der Unterhaltung mit einem 'Jammerlappen' erlebt, wie schnell er Ihnen die Energie absaugt. Nach 10 Minuten sind Sie fix und fertig.

Wir sollten uns intensiver mit dem umgeben, was positiv auf uns wirkt. Denn alles wirkt, wenn nicht positiv, dann womöglich negativ, es zieht uns dann eben Energie weg. Fertigen Sie sich auch davon eine Liste an und sehen Sie zu, möglichst viele der 'Energie-Vamps' zu beseitigen.

Sehen Sie sich in Ihrer Wohnung um. Hängt da vielleicht ein Bild von Tante Martha, das Sie um alles in der Welt nicht ausstehen können, aber es hängt eben da, weil's ein Hochzeitsgeschenk war und Tante Martha bestimmt sauer wäre, wenn sie es bei ihrem nächsten Besuch nicht mehr an der gewohnten Stelle sehen würde. - Steht im Wohnzimmer das alte Sofa von Onkel Heinrich, welches überhaupt nicht zu Ihrer Einrichtung passt und obendrein noch schrecklich ungemütlich ist, aber das gute Erbstück 'kann man doch nicht so mir-nichts-dir-nichts wegstellen' ... Und dann Ihr Kleiderschrank: Hängen dort wirklich nur Sachen, von denen Sie stolz behaupten können, dass Sie sie gern anziehen und dass Sie sich damit gut fühlen oder besitzen Sie noch alle möglichen Klamotten, die Sie zwar nie mehr anziehen, die Ihnen auch gar nicht mehr passen und nicht mehr gefallen, aber 'vielleicht könnte man sie ja mal brauchen'? Und wenn Sie dann den Fummel anziehen, fühlen Sie sich nicht mehr wohl darin.

Jedes Kleidungsstück hat seine Zeit und seine eigene Schwingung. Wenn sie vorbei ist, dann gehören auch die Kleidungsstücke nicht mehr zu Ihnen. Meine Frau geht in punkto Kleidung rigoros vor. Wenn wir uns etwas Neues kaufen, kommt dafür ein abgetragenes Teil zur Altkleidersammlung. Recht hat sie, denn ich wäre ja auch eher der 'Aufhebe-Typ' (*"vielleicht ziehe ich es mal zum Autowaschen an ..."* - obwohl ich seit Jahren das Auto in die Waschanlage fahre). Loslassen, was nicht glücklich macht. Das hat nichts mit Großkotzigkeit oder Verschwendertum zu tun, sondern mit einem bewussten Umgang. Lieber ein paar Kleidungsstücke weniger, dafür allerdings die, in denen Sie sich wohl fühlen und die Sie in der besten Energie erscheinen lassen. Eine Farb- und Stilberatung vermitteln dazu gute Dienste, denn Sie sind mit dem Wissen um Ihr optimales Aussehen weniger den Modetrends unterworfen. So können Sie relativ objektiv hinsehen, ob es wirklich zu Ihnen gehört oder ob es nur winkt und ruft *"Nimm mich mit"*. - Gehen Sie also bewusst mit Ihrem Umfeld um. Umgeben Sie sich mit dem, was Ihnen Energie bringt.

Die Motivationsliste

Nun kommen wir zu ganz konkreten Übungen, die Ihre Motivation verbessern und somit Ihre Ausstrahlung verändern werden. Nicht jede Übung ist für jeden gleich gut geeignet. Bitte probieren Sie alle aus, um dann selbst die Wahl zu treffen, welche Übungen Sie intensiver betreiben werden. Kritisieren oder urteilen Sie nicht, bevor Sie es ausprobiert haben.

Nehmen Sie sich bitte ein großes Blatt Papier und schreiben Sie alles auf, was Sie motiviert. Es kommt im ersten Moment nicht auf eine bestimmte Reihenfolge an. Haben Sie dann 50 - 60 Positionen herausgefunden, ordnen Sie die einzelnen Punkte nach einem Ihnen entsprechenden System. Lesen Sie die Liste einmal pro Monat durch und überlegen Sie jedes Mal, welchen Bereich Sie noch stärker im Leben umsetzen und integrieren können.

Beispiele: Motiviert Sie Musik, dann stellen Sie sich eine CD mit Titeln zusammen, die Ihnen besonders gut gefallen und die Ihnen Energie vermitteln. Gerade am Morgen bringt eine Musik-Motivation viel, sie stimmt Sie auf den Tag ein. Nutzen Sie die CD morgens, statt einfach nur das Radio anzuschalten. Denn da hören Sie alle 15 oder 30 Minuten die Nachrichten und dazwischen noch Werbung oder alle möglichen Berichte, die Sie weder interessieren noch motivieren. Unsere erste MC, die wir uns zu diesem Zweck zusammenstellten, lief über mehrere Jahre, jeden Tag. Sie war im Radiorecorder mit Zeitfunktion eingestellt und weckte uns täglich. Selbst über lange Zeit hinweg erwies sich die Methode nicht als langweilig oder 'immer-das-gleiche', im Gegenteil, wir wussten schon bei jedem Song, was gerade zu tun war (Kaffee aufsetzen, anziehen, Betten machen, Geschirr wegräumen ...), um im Zeitplan zu bleiben.

Motiviert Sie besonders der Urlaub, dann kommen Sie immer wieder in diesen motivierten, energetischen Zustand, wenn Sie Pläne für den Urlaub schmieden. Vielleicht können Sie sogar mehrere kleine Urlaube im Jahr einplanen. Besorgen Sie sich Unterlagen über das Land und die Kultur, studieren Sie ein wenig die Geschichte des Landes, sehen Sie sich Bilder oder Videos über das Land an.

Motiviert Sie die Familie, dann überlegen Sie, wie Sie die Zeit mit der Familie noch intensiver gestalten können.

Motiviert Sie Lob, dann beginnen Sie, sich selbst zu loben. Schreiben Sie sich jeden Tag auf, wofür Sie sich loben. Vorsicht, es kommt schnell das Programm 'Eigenlob stinkt', 'gib nicht so an' usw. Wir sprachen bereits darüber, dass die Übungen nur dazu dienen, Ihr Selbstwertgefühl aufzubauen und nichts mit Prahlerei bei anderen zu tun haben.

Erfolge notieren

Es gehört zum Leben, erfolgreich zu sein. Was heißt nun Erfolg? Da ist z.B. ein Manager. Er erzählt voll Stolz: *"Ich habe 3 Firmen. Eine in New York, eine in Paris und eine in Rom. Einmal pro Woche besuche ich jede Firma. Schon vom Flugzeug aus werden Konferenzen geschaltet und Produkte geordert. Ja, das ist für mich richtig Erfolg. Meine Produkte werden in der ganzen Welt verkauft. Ja, ich bin ständig unterwegs."* - Da könnte ein anderer wohl sagen: *"Was, das soll wohl Erfolg sein? Das ist doch Stress! Für mich ist Erfolg etwas ganz anderes: Wenn ich z.B. am Freitagmittag nach Hause komme. Wenn ich mit meiner Familie das Wochenende in meinem Häuschen im Grünen verbringen kann. Das ist für mich Erfolg."* - Ein Dritter könnte lästern: *"Das ist kein Erfolg, sondern schlichtweg spießig. Erfolg ist für mich etwas ganz anderes. Für mich ist Erfolg, wenn ich Überlebens-Training mache, Extremklettern in der Bergwand o.ä."*

Wer hat Recht? Jeder! Was ist für Sie Erfolg? Wissen Sie ganz genau, was für Sie Erfolg bedeutet? Wie wollen Sie dort ankommen, wenn Sie nicht genau wissen, was es ist. - Für mich ist Erfolg die Summe meines Tuns, das mir ein glückliches Leben gibt. Dazu gehört die Freude als Mittelpunkt meines Lebens, der ehrliche Respekt vor mir selbst, geistig zu wachsen und anderen Nutzen zu bieten. Und die Harmonie zwischen Beruf und Familie.

Bitte notieren Sie sich, was Sie unter Glück und Erfolg verstehen.

Sie sind bereits erfolgreich - reich an Erfolgen! Sie brauchen nur noch genau hinzusehen, welche Erfolge es sind. Auch wenn diese Erfolge sehr klein zu sein scheinen - es sind Ihre Erfolge! Ja, es ist ein Erfolg, wenn Sie ein tolles Kundengespräch hatten, wenn Sie Ihren Zeitplan eingehalten haben, wenn Sie Aktionen richtig durchgeführt haben, wenn Sie den ganzen Tag fröhlich waren und Ihre Kunden motiviert haben, wenn Sie eine Stunde für sportliche Aktivitäten aufbringen konnten, wenn Sie sich vernünftig ernährt haben, wenn Sie den Kofferraum im Auto wieder ordentlich aufgeräumt haben, wenn Sie die Menschen angelächelt haben, wenn Sie eine halbe Stunde in einem guten Buch gelesen haben usw.

Lassen Sie sich bitte nicht dazu verleiten, das alles als selbstverständlich zu betrachten. Es ist etwas Besonderes! Es ist ein Erfolg, dass Sie Fahrradfahren können, dass Sie den Führerschein gemacht haben, dass Sie Ihren Beruf erlernt haben, dass Sie soundso viel verdienen und dass Sie sich entschlossen haben, mit diesem Buch weiter an sich zu arbeiten.

Lernen Sie stolz zu sein auf Ihre Erfolge, sich darüber zu freuen und daraus die Kraft für weitere Erfolge zu ziehen.

Eine weitere Methode, die ich seit vielen Jahren anwende: Schreiben Sie sich jeden Tag drei kleine Erfolge auf. Sie können dazu auch sagen: drei Dinge, die Ihnen heute gut gelungen sind. Wir sind ja bekanntlich nicht jeden Tag gleich gut motiviert. An Tagen, an denen es nicht so gut läuft, nehmen Sie Ihr Heftchen mit den Erfolgen und lesen darin. Sie werden sehen, wie schnell es Ihnen Kraft, Energie und neuen Tatendrang gibt. Diese Übung trägt enorm zur Steigerung des Selbstwertgefühls bei, deshalb gebe ich sie gern an Sie weiter.

Lächeltraining – es funktioniert

Es gibt einen kleinen Trick, wie Sie morgens schon Fröhlichkeit tanken können: Lächeln Sie sich 20 Sekunden lang im Spiegel an (auch wenn Sie es anfangs komisch finden - es sieht Sie ja keiner).

Wie effektiv die Methode beim Autofahren sein kann, haben wir bereits besprochen: im Stau ein guter Helfer, um schnell in eine bessere Stimmung zu kommen aber auch bei anderen Situationen des täglichen Frustes sehr beliebt. Ob Sie sich dabei im Spiegel sehen oder nicht, hat keine Bedeutung. Es wirkt auch aus einem anderen Grund: Durch das Lächeln drücken wir auf bestimmte Muskelpartien der Backen, die dem Gehirn signalisieren, dass es 'Freudehormone' ausschütten soll. Und 'Freudehormone' fressen 'Stresshormone'. Natürlich ist dies nur eine sehr vereinfachte Darstellung, in der Physiologie laufen komplizierte Vorgänge ab. Hauptsache, es funktioniert.

Ziele schriftlich formulieren

Die theoretischen Grundlagen für dieses Thema haben wir uns bereits im Kapitel 3 erarbeitet, gehen Sie nun ans Umsetzen in der Praxis. Schreiben Sie sich Ihre Ziele auf. Anfangs völlig ungeordnet, alles, was Ihnen gerade einfällt. Prüfen Sie dann die Gesichtspunkte von Kapitel 3 (sinnvoll, erreichbar ...). Ordnen Sie dann nach beruflich und privat, nach kurzfristig (innerhalb weniger Monate), mittelfristig (innerhalb der kommenden zwei Jahre) und langfristig (innerhalb mehrerer Jahre). Nun haben Sie bereits eine schöne Struktur. Ganz toll wird es, wenn Sie es schaffen, diese Ziele bildlich darzustellen: Ein Foto aus einem Prospekt für die diesjährige Urlaubsreise, das neue Auto aus dem Katalog ausgeschnitten, wollen Sie zu Rauchen aufhören, bilden Sie einen Aschenbecher oder ein Päckchen Zigaretten ab und streichen es rot(!), dick und fett durch. Finanzielle Ziele können Sie mit einem Geldschein visualisieren usw. Sie sehen, materielle Ziele lassen sich gut darstellen. Schwieriger wird es bei ideellen Zielen. Wollen Sie mehr ausruhen, dann fragen Sie sich, was genau Sie machen wollen: schlafen, Sport treiben, lesen, stricken, spazieren gehen ... Das lässt sich wieder als Bild darstellen.

Wir gehen am Silvesterabend nie aus, sondern fertigen zu Hause unsere Zielcollage. Schon Wochen vorher machen wir uns Gedanken und sammeln Bilder. Das Zusammenstellen am Silvesterabend bereitet uns große Freude. Probieren Sie es mal aus - und Kinder machen dabei besonders gern mit.

Die Zielcollage verstecken Sie dann bitte nicht im Schrank, sondern hängen Sie in der Wohnung dort auf, wo Sie sie oft sehen. Denn jedes Mal beim Betrachten programmieren Sie Ihr Unterbewusstsein. Und außerdem setzt es in Ihnen viel Motivation frei, die wiederum Ihre Ausstrahlung verbessert. Sie treten unbewusst Ihren Mitmenschen gegenüber ganz anders auf: 'Der weiß, was er will' bzw. 'die weiß, was sie will' - gerade als ob es Ihnen auf einem unsichtbaren Display auf der Stirn geschrieben wäre.

Unsere Zielcollage hängt am Frühstücksplatz und oft kommt es vor, dass Freunde, die uns besuchen, gleich nach der Zielcollage sehen und sagen: *"Da will ich doch gleich mal wissen, welche Ziele es in diesem Jahr bei den Winklhofers gibt."*

Das Freudeblatt

Worüber haben Sie sich heute schon gefreut? Über die Sonne, über ein schönes Musikstück, über ein kleines Lächeln eines Kunden, über das Frühstück, das Ihr Partner heute für Sie bereitet hat, über ein Lob, über Ihr Auto, über eine schöne Blume, über ein 'Dankeschön' eines anderen Menschen, über ein Geschenk, über Ihre Gesundheit ...

Jeden Tag geschehen so viele Dinge, die wirklich schön sind und über die wir uns wirklich freuen könnten. Wir nehmen alles als selbstverständlich hin. Wir stehen jeden Tag auf, uns tut nichts weh (oder wenigstens kaum etwas) - alles selbstverständlich. Erst wenn wir die andere Seite erlebt haben, fangen wir an, es zu schätzen. Dale Carnegie sagt: *"Zähle täglich deine Reichtümer, nicht deine Sorgen"* und meint damit sicher nicht das Verdrängen von Schattenbereichen, sondern das bewusste Wahrnehmen von Dingen, die durch die 'Lautstärke' unserer hektischen Zeit übertönt werden.

Die folgende Übung wurde für viele Seminarteilnehmer zu einem Schlüsselerlebnis: Nehmen Sie sich ein Blatt Papier und notieren Sie als Überschrift 'ich freue mich, weil'. Dann listen Sie alles auf, was Ihnen zu diesem Thema einfällt, worüber Sie sich aus einem tiefen Grund freuen können. 30 Punkte sollten leicht zusammen kommen. Lesen Sie dann diese Liste durch (am besten laut) und spüren Sie in sich hinein, was Sie empfinden. Bei manchen Menschen äußert es sich als Wärme, Zufriedenheit, tiefes inneres Glück, Dankbarkeit, Freude, Erstaunen oder Ähnliches. Lesen Sie die Liste wenigstens zwei Monate lang jeden Tag (am besten morgens) durch. Sie werden eine deutliche Veränderung in sich spüren. Mit vielen Sachen gehen Sie plötzlich anders um.

Die Dankbarkeits-Liste

Eine Fortsetzung zur eben geschilderten Übung besteht darin, dass Sie sich notieren, wofür Sie in Ihrem Leben dankbar sind. Im Kapitel 5 sprachen wir bereits darüber, warum die Dankbarkeit so wichtig ist. Sie braucht sich gar nicht an irgendjemanden persönlich richten, sondern nur in Ihnen da sein.

Eine Steigerung besteht darin, dass Sie die Liste nicht nur als Text haben, sondern sie visualisieren. Sammeln Sie Bilder von allem, wofür Sie dankbar sind. Bei mir handelt es sich dabei oft um Kleinigkeiten: für einige Bücher, Seminare, Schuhe, Briefe von Seminarteilnehmern, Konzertkarten. Oder es sind Erinnerungen an Urlaube, bestimmte Menschen, mein Auto, unser Haus etc.

Ich blättere, vor allem wenn ich auf Seminarreisen bin, morgens meine Dankbarkeitscollage durch. Dazu brauche ich eine Minute und diese Beschäftigung ist mir seit vielen Jahren zu einer lieben Gewohnheit geworden. Das gibt mir sicherlich mehr Kraft und Energie für den Tag, als wenn ich morgens gleich die Nachrichten höre.

Anfangs entsteht zu jedem Bild eine Geschichte, später kommt nur noch die Emotion, die damit verbunden ist. Bilder sind in der Sprache des Unterbewusstseins schnell verständlich und wirken intensiver als Text. Wer diese Methode einmal über einen Zeitraum von mindestens acht Wochen ausprobiert hat, der bleibt meist sehr lange dabei. Ja schon das Zusammenstellen der Bilder (ich habe sie in einem A4-Ordner) macht viel Spaß.

Zwei Listen für die 'harten Kämpfer'

Die Was-würde-ich-sofort-ändern-Liste

Im ersten Moment scheint die Übung ein wenig makaber. Schreiben Sie auf ein Blatt die Überschrift 'was würde ich sofort verändern, wenn ich nur noch kurz zu leben hätte'. Und dann mal los. Schreiben Sie - auch wenn Emotionen hoch kommen, auch wenn Sie spüren, dass Tränen in Ihnen aufsteigen. Es zeigt nur, dass vieles unaufgearbeitet und noch nicht erfüllt ist. - Die Liste heißt allerdings nicht 'was hätte ich in meinem Leben anders machen sollen'. Darüber nachzudenken macht keinen Sinn, Sie wühlen nur eine Vergangenheit auf, die Sie nicht mehr verändern können. Die Zukunft können Sie gestalten!

Fangen Sie an, einzelne Punkte Ihrer Liste umzusetzen. Keiner von uns weiß, wie viel Zeit noch bleibt, das zu tun, was wir gern tun wollen. Das einzige, was uns im Leben so sicher ist - der Tod -, haben wir mit einer Perfektion verdrängt, die ihresgleichen sucht. Wir tun so, als ob nur die anderen betroffen wären.

Ich will zu der Übung nicht mehr sagen, denn all das ist nicht mit dem Verstand zu fassen, sondern muss erlebt werden. Gehen Sie an die Übung erst, wenn Sie sich reif dazu fühlen und machen Sie dazu Ihre eigenen, ganz persönlichen Erfahrungen.

Die Was-mir-in-meinem-Leben-wichtig-ist-Liste

Ähnlich der vorangegangenen Übung notieren Sie sich, was Ihnen in Ihrem Leben wirklich wichtig ist. Gehen Sie die Liste durch und dann überlegen Sie, wie die Realität aussieht. Vielleicht geht es Ihnen auch so: Was wir den lieben langen Tag machen, hat oft herzlich wenig mit dem zu tun, was auf der Liste steht. Und daraus ergibt sich Handlungsbedarf. 'Mehr lassen, um besser tun zu können.' Was lässt sich an Zeitfressern eliminieren, um sich für die wichtigen Anliegen im Leben mehr Zeit nehmen zu können? - Im Weglassen liegt die Kunst!

Der 13-Punkte-Plan

In seinem Buch 'Lebenserinnerungen' beschreibt Benjamin Franklin eine Methode, die ihm geholfen hat, seinen Charakter zu formen. Er verfasste eine Liste mit 13 Charaktereigenschaften, die er an sich verbessern wollte und nahm sich pro Woche eine Eigenschaft vor. Morgens schon stellte er sich auf sein Tagesmotto ein und erinnerte sich auch mehrmals am Tag daran.

Am Abend hielt er eine kleine Rückschau, ob er denn in diesem Punkt heute gewachsen sei. Durch die Anzahl der 13 Punkte kam er 4 Mal in jedem Jahr durch die Liste. Hier die Tugenden, die für Benjamin Franklin vor rund 270 Jahren wichtig waren:

1. Mäßigkeit

Iss nicht bis zum Stumpfssinn, trink nicht bis zur Berauschung.

2. Schweigen

Sprich nur, was anderen oder dir selbst nützen kann; vermeide unbedeutende Unterhaltung.

3. Ordnung

Lass jedes Ding seine Stelle und jeden Teil deines Geschäfts seine Zeit haben.

4. Entschlossenheit

Nimm dir vor, durchzuführen, was du musst; vollführe unfehlbar, was du dir vorgenommen hast.

5. Genügsamkeit

Mach keine Ausgabe, außer als um anderen oder dir selbst Gutes zu tun; d.h. vergeude nichts.

6. Fleiß

Verliere keine Zeit; sei immer mit etwas Nützlichem beschäftigt; entsage aller unnützen Tätigkeit.

7. Aufrichtigkeit

Bediene dich keiner schädlichen Täuschung. Denke unschuldig und gerecht, und wenn du sprichst, dann sprich danach.

8. Gerechtigkeit

Schade niemandem, indem du ihm unrecht tust oder die Wohltaten unterlässt, welche deine Pflicht sind.

9. Mäßigung

Vermeide Extreme; hüte dich, Beleidigungen so übel aufzunehmen, als sie es nach deinem Dafürhalten verdienen.

10. Reinlichkeit

Dulde keine Unreinlichkeit am Körper, an deinen Kleidern oder in der Wohnung.

11. Gemütsruhe

Beunruhige dich nicht über Kleinigkeiten oder über gewöhnliche oder unvermeidbare Unglücksfälle.

12. Keuschheit

Übe geschlechtlichen Umgang selten, nur um der Gesundheit oder der Nachkommenschaft willen, niemals bis zur Stumpfheit, Schwäche oder zur Schädigung deines eigenen oder eines fremden Seelenfriedens oder guten Rufes.

13. Demut

Ahme Jesus und Sokrates nach.

Soweit Benjamin Franklin. - Einiges mag antiquiert klingen und doch spricht eine große Weisheit aus diesen Zeilen.

Vielleicht sind Ihre 13 Punkte völlig anders. Schön wäre, wenn Sie sich die Mühe machen, Ihre 13 Punkte zu finden, um sie stetig zu verbessern. Ich habe den 13-Punkte-Plan zwei Mal für je 2 Jahre durchgeführt. Ich schrieb die Überschriften auf die Vorderseite eines Kärtchens (Größe einer Scheckkarte) und die Unterpunkte auf die Rückseite. War ich unterwegs, trug ich mein Kärtchen in der Brusttasche meines Hemdes, war ich zu Hause, legte ich das betreffende Kärtchen auf den Schreibtisch. Es ist enorm, was sich in mir veränderte - ohne viel Zutun, nur durch die stetige Achtsamkeit auf eine zu verbessernde Eigenschaft. Sie finden meinen 13 Punkte-Plan von 1995 als Anregung für Sie im Anhang auf den Seiten 199 und 200.

Die geheimnisvolle Atemübung

In sehr alten Überlieferungen aus China wird eine (damals) geheime Methode geschildert, welche die jungen Kaiser täglich zu absolvieren hatten, um zu Glück und Erfolg, Macht, Ansehen und zu einer positiven Ausstrahlung zu kommen. Die Übung wurde später von Mönchen in Tibet weiter betrieben. Ich habe sie von einem meiner Lehrer erhalten und gebe sie Ihnen gern weiter. Sie brauchen nichts weiter zu tun, als 5 Minuten lang in einen gleichmäßigen Atemrhythmus zu kommen: Die Frequenz beträgt 11 : 4. Sie atmen 4 Sekunden lang ein und 11 Sekunden lang aus. Das ergibt 4 Atemzüge pro Minute, 20 Atemzüge in fünf Minuten. Die größte Wirkung entsteht in diesem Zeitraum, Sie können auch länger in dieser

Atemfrequenz verweilen, was allerdings keinen nennenswerten Mehr-Effekt bringt.

Irgendwo an einem ruhigen Ort der Kraft durchgeführt, spüren Sie schon nach wenigen Tagen eine Veränderung in Ihnen. Auch als Vorbereitung zur Meditation ist die Übung gut geeignet. Selbst beim Autofahren bringt sie einen gleichmäßigen Fluss der Lebensenergie.

Ich mache diese Übung oftmals unterstützt von einer körperlichen Bewegung: Ich stelle mich hin, schließe die Augen, beim Einatmen 'ziehe' ich mit geöffneten Handflächen die Energie der Erde von den Füßen her am Körper entlang (ca. 20 cm Abstand) nach oben, bis beide Arme gestreckt sind und die Hände zum Himmel zeigen. Bei Ausatmen 'streife' ich alles Überflüssige ab, indem die Bewegung genau umgekehrt läuft, allerdings wesentlich langsamer. Dabei stelle ich mit vor, von allem loszulassen, was nicht zu mir gehört. Ich atme durch die Nase ein und durch den Mund hörbar mit einem stimmlosen Wwww wieder aus.

In Seminaren führe ich die Übung folgendermaßen durch: Auf der Großbildwand lasse ich dazu eine Bilderfolge mit Motiven aus der Natur laufen, die im 11 : 4 Rhythmus wechseln. Das erspart das Sekundenzählen. Durch die Bilder und die Hintergrund-Musik entstehen im Inneren Gedanken und Emotionen.

Mit Meditation zur Mitte kommen

Unsere Welt tönt so 'laut', uns bleibt kaum noch Zeit für uns selbst. Alles wird schneller, größer, miteinander vernetzt und verbunden. Radio, Fernsehen, Zeitungen, Telefon, Fax, Handy, E-Mails strömen auf uns ein und beschäftigen uns so intensiv, dass wir vergessen, in uns hineinzuhören und die innere Stimme wahrzunehmen. Allen, die glauben, Meditieren sei etwas Eigenartiges, Esoterisches, Okkultes, Spiritistisches o.ä., will ich sagen, dass Sie deshalb nicht in einem langen Gewand stundenlang Omm-summend im Yogasitz verharren müssen. Nein, Meditation gibt innere Ruhe, Kraft und Gelassenheit. Selbst die Krankenkassen bieten schon Kurse für Meditationen an. Ich selbst nutze die Meditation für meine Ausgeglichenheit und um 'Einfälle' zu haben - und zwar im wahrsten Sinn des Wortes - wie bereits vorher beschrieben. In der Meditation schaffe ich es, den Hörer des Telefons aufzulegen, dann ist die Leitung frei.

Im Seminar 'Schweigen - Fasten - Meditieren' bei Nikolaus Klein und Rüdiger Dahlke ist mir immer wieder bewusst geworden, wie lange es dauert, bis ich geistig vollkommen leer bin. In diesem Seminar wird 10 Tage lang nicht gesprochen (auch nichts gelesen oder gar ferngesehen), heilgefastet und neun Mal täglich 20 Minuten ZEN-Meditation geübt: dasitzen und an nichts denken. Sie können mir glauben, wie schwer mir das fällt. Ständig ziehen Gedanken in mir vorbei und ich schaffe es nur für ein paar wenige Momente, wirklich 'gedanken-los' zu sein. Nach dieser Zeit der absoluten Ruhe und Innenschau habe ich dann beim Nachhausefahren das Gefühl, mein

Auto sei kaputt, weil etwas vibriert oder schlägt. Stimmt natürlich nicht, nur empfinde ich es so, da sich mein Körper an diese Ruhe gewöhnt hat.

Meditieren können Sie überall, in der freien Natur am Wasser, im Wald, auf der Wiese oder wo Sie fühlen, es sei der richtige Platz dazu. Auch zu Hause funktioniert es gut. Sie können gerade auf dem Rücken liegend oder im Sitzen meditieren. Setzen Sie sich aufrecht und gerade auf einen Stuhl oder besorgen Sie sich einen Meditationshocker oder ein Meditationskissen. Halten Sie den Kopf gerade, damit die Energie fließen kann. Sie können in Stille oder mit Musik meditieren. Um den richtigen Einstieg zu finden, empfiehlt sich oft eine geführte Meditation. Hierbei führt Sie ein Sprecher durch die Meditation, meist mit angenehmer Musik im Hintergrund.

(Siehe Information auf den letzten Seiten über geführte Meditationen mit Emanuel Winklhofer aus dem ezl-verlag)

Die 50-Punkte-Karte

Nehmen Sie sich ein A5-Kärtchen und notieren Sie:

- zehn Stärken, die Sie haben,
- zehn Erfolge, die Ihnen wichtig sind,
- zehn Ziele, die Sie in den kommenden Jahren erreichen wollen und
- zwanzig positive Erlebnisse, an die sie sich gern erinnern.

Hängen Sie sich das Kärtchen am besten im Badezimmer an den Spiegel oder sonst an einen Platz, an dem Sie täglich die Liste lesen können. Sie prägen damit enorm Ihr Selbstwertgefühl und programmieren sich auf Glück und Erfolg. Selbst wenn Sie den Sinn dieser Übung noch gar nicht erkennen, fangen Sie einfach damit an, Sie brauchen ja nur jeden Tag eine halbe Minute zum Lesen. Ohne Ihr Zutun verändert sich viel in Ihnen.

Unterstützung durch die Ernährung

Die Bücher über dieses Thema füllen bereits Bibliotheken und hier bleibt nicht der Platz, auch nur halbwegs umfassend dazu Stellung zu nehmen. Ich will Ihnen dazu nur einige Ideen mitgeben, die Sie anregen sollen, sich mit der Thematik auseinander zu setzen. Ich hätte vor zehn Jahren niemandem geglaubt, hätte er mir von dem enormen Einfluss von Essen und Trinken auf die körperliche und geistige Fitness erzählt. Ich musste es wie immer selbst erleben. Bei einer Seminarreihe, die ich mit meiner Frau besuchte, war täglich von 6.00 Uhr morgens bis 23.00 Uhr nachts durchgehend Seminararbeit angesetzt. Ich dachte vorher, das könne ich nicht schaffen, da würde ich doch müde und die Verdauung bei so langem Sitzen ... - Dann gab es während dieser Tage nur Vollwertkost, kein Fleisch und viel Bewegung.

Sie glauben nicht, was geschah: Ich fühlte mich so wohl, war nach dem Essen nicht müde, die Verdauung war prima und die geistige Fitness wuchs über sich hinaus. Wir waren so begeistert, dass wir diese Lebensweise beibehalten wollten. Gabi machte daraufhin eine Ausbildung zur Gesundheitsberaterin, um fundierte Kenntnisse zu erwerben. Seither ernähren wir uns viel bewusster. Gemüse und Obst beziehen wir aus Bio-Anbau (inzwischen besitzen wir einen eigenen Gemüsegarten), essen viel vollwertiges Getreide und auf Fleisch verzichten wir weitgehend. Ich will damit wieder nicht sagen, Sie sollten es genauso machen. Nein, finden Sie zu Ihrer Art. Wir haben viele möglichen Wege ausprobiert und übernommen, was für uns stimmig war.

Es hat auch nichts damit zu tun, ein Heiliger in punkto Ernährung zu werden und nur mehr meditierend an biologisch dynamisch gezogenen Körnern zu kauen. So sähe das andere Extrem aus. Die Tendenz muss stimmen. Ich übertrieb es einige Jahre lang, ich aß kein weißes Mehl mehr, nahm keinen weißen Zucker, trank keinen Kaffee usw. Da ich viel unterwegs bin, ergaben sich allmählich größere Schwierigkeiten, denn manchmal hatte ein Hotel eben keine Vollkornnudeln oder -brötchen oder -reis. Als ich dann merkte, dass mit meiner Sturheit die Lebensfreude abnahm, dachte ich, so könne es wohl auch nicht der richtige Weg sein.

Nun bin ich wieder etwas gemäßigter und ernähre mich, wenn immer es geht, nach meinen Vorstellungen und wenn ich mal unterwegs bin, schließe ich eben einen Kompromiss. Die große Richtung und die Tendenz muss stimmen, dann tue ich genügend für meinen Körper und erhalte meine Lebensfreude. Ich frage mich oft, wenn es um eine Auswahl beim Essen geht oder wenn ich vor einem Regal stehe: *"leuchtet´s oder winkt´s?"* Oft winken mir Süßigkeiten zu und rufen: *"Hallo, bitte mich mitnehmen, ich schmecke soooo gut."* Nun, die einfachste Art mit einer Versuchung fertig zu werden ist, ihr zu erliegen. Manchmal erliege ich, dann allerdings bewusst und mit großem Genuss und nicht mit Reue!

Es gibt also kein Richtig und kein Falsch, es gibt nur einen individuellen Weg, finden Sie Ihren heraus. Glauben Sie dabei nicht jedem, der Ihnen seine Weisheit eintrichtern will. Ich halte es ohnehin für gefährlich, wenn etwas zum Dogma wird und jemand alle anderen unbedingt von der alleinigen Richtigkeit seines Weges überzeugen will.

Das Thema 'Trinken' will ich noch ansprechen. Trinken Sie genügend? Pro Tag mindestens 1,5 Liter Wasser? Wenn Sie diesen Wert nicht erreichen, begehen Sie schon fast Selbstmord auf Raten. - Das Trinken von qualitativ gutem Wasser in ausreichender Menge gibt dem Körper die Voraussetzung für Stoffwechselvorgänge. Das Grundgewebe, welches jede Körperzelle umgibt, stellt eine gewaltige Primärmülldeponie dar. Erhält der Körper genügend Flüssigkeit, dann kann er die Schlackenstoffe abtransportieren, ansonsten lagern sie und lagern sie, bis sich irgendwann massiv Probleme breit machen.

Leider hören oft Kinder schon den Satz, *"trink nicht so viel"*, und im Erwachsenenalter hören wir zu wenig die feinen Signale des Körpers und beachten den Durst nicht mehr. Es lässt sich Gott sei Dank wieder erlernen. Dazu ist ein wenig Disziplin erforderlich. Stellen Sie sich jeden Morgen drei Flaschen Wasser hin, die bis zum Abend leer ein müssen. Gewöhnen Sie sich daran, zwischendurch einen kräftigen Schluck zu nehmen. Besonders am Morgen braucht der Körper Flüssigkeit, da nachts über die Lungen abgeatmet wird und die Nieren Flüssigkeit zur Ausscheidung vorbereiten.

Der morgendliche Kaffee zählt in diesem Sinn nicht direkt als Flüssigkeit, da er durch die Wirkung des Koffeins dem Körper eher wieder Wasser entzieht.

Einen Zusatzbonus erreichen Sie durch eine Entsäuerung. Unser Körpergewebe ist durch unsere Ernährung (Fleisch, Brot, Kaffee, Zucker etc.) viel zu sauer. Ein bewusstes Ernähren mit Basenbildnern (Gemüse, Kartoffeln, Obst u.v.m.) führt den Körper wieder in einen besseren pH-Bereich. Zusätzlich könnten Sie durch Gabe von basenbildenden Pulvern den Prozess beschleunigen.

Nehmen Sie die Thematik der richtigen Ernährung ernst, informieren Sie sich umfassend und setzen Sie das um, was Ihnen richtig und stimmig erscheint. Ihre persönliche Ausstrahlung und Ihre Gesundheit hängen in großem Maß davon ab.

Die Thymusdrüse aufwecken

Die Thymusdrüse befindet sich in der Mitte der Brust, genau hinter dem oberen Teil des Brustbeins. Bis zu den fünfziger Jahren lagen wenige Kenntnisse darüber vor. Heute weiß die Wissenschaft mehr darüber: sie ist ein wichtiger Bestandteil des Abwehrsystems und schrumpft bei Krankheit und bei Stress. Hier eine kleine Übung, mit der Sie die momentane Lebensenergie deutlich erhöhen können: klopfen Sie 20 Sekunden lang mit den Fingern einer Hand Ihre Thymusdrüse. Sie wird dadurch aktiviert und 'meldet' sich sofort wieder zum Dienst. Vorübergehende Erschöpfung verschwindet schnell und Sie fühlen sich wohl. Fast jede Krankheit beginnt mit einer Erschöpfung der Lebensenergie. Durch regelmäßiges Aktivieren (Klopfen) mehrmals täglich betreiben Sie also eine Stimulation des Immunsystems und beugen Krankheit vor.

Die Ohr-Rand-Massage

Stellen Sie sich vor, es wäre unfein, diesen eingerollten Rand am Ohr zu haben und deshalb versuchen Sie, ihn mit kräftigen Knet- und Massagebewegungen der Finger glatt zu rollen. Im Ohrrand befinden sich alle Energiepunkte des Körpers. Vielleicht erinnern Sie sich, dass bei der Akupunktur viele Nadeln in diesen Bereichen gesetzt werden. Oder Sie kennen die Tatsache der Energiepunkte von den Fußreflexzonen.

Nach einer Massage des Ohrrandes fühlen Sie sich voll neuer Energie und Tatendrang, das Gesicht strahlt in frischem Glanz und freundlichem Lächeln.

Körperlich fit durch Sport

Sehen Sie sich Kinder an, sie sind praktisch den ganzen Tag in Bewegung. Wie oft sagen wir als Erwachsene, *"kannst du dich nicht mal 2 Minuten stillhalten?"* Nein, können sie nicht. Ihre dauernde Bewegung trainiert den Körper und macht ihn fit. Wir kümmern uns um unseren Körper meist erst dann, wenn er nicht mehr funktioniert, wenn er schmerzt, wenn er 'eingerostet' ist oder all die Gift- und Schlackenstoffe nicht mehr verarbeiten kann. Dem Körper bleibt oft keine andere Wahl, als durch Funktionsstörungen, Blockaden, Ausfälle oder Schmerzen auf sich aufmerksam zu machen, um so Zuwendung zu erhalten.

Sport in sinnvollem Ausmaß trägt dazu bei, das Herz-Kreislauf-System zu aktivieren, den Muskel- und Verdauungsapparat zu trainieren und ein gesundes Körperbewusstsein zu erlangen. Der Körper wird mit einer Extraportion Sauerstoff versorgt, die Lunge kann vermehrt Kohlendioxid abatmen.

Suchen Sie sich die Sportart, die zu Ihnen passt, gleichgültig ob Sie Radfahren, Tennisspielen oder Laufen. Ich brauchte auch lange, bis ich einen Zugang zum Sport bekam. In Schule und Internat hörte ich stets den Satz, "*du bist für Sport nicht geeignet*" und irgendwann glaubte ich es sogar. Ein konsequentes Joggen begann ich erst im 1999. Inzwischen will ich es nicht mehr missen. Unser Haus liegt nahe am Wald und ich laufe mehrere Strecken, entweder am Wald entlang, durch den Wald oder durch die weiten Felder direkt in unserer Gegend. Ich genieße es, mit der Natur verbunden zu sein, die Jahreszeiten mitzuerleben. Beim Laufen kann ich richtig abschalten und mich mit neuen Ideen beschäftigen. Mir genügen 30 - 45 Minuten ca. viermal pro Woche. Bei Seminarreisen mit dem Auto nehme ich meine 'Lauf-Klamotten' mit und erkunde oft früh morgens die Innenstädte oder schöne Parks. Ob ich in ferner Zukunft einen Marathon laufen will, weiß ich noch nicht[1]. Derzeit geht meine Planung nicht dorthin. Das Laufen stellt einen wichtigen Baustein für meine Motivation, meine Fitness und meine positive Ausstrahlung dar.

---

[1] (Anmerkung zur 2. Auflage): Natürlich hat es sich inzwischen ergeben, dass ich intensiver Sport betreibe. Es macht mir großen Spaß, Halbmarathon zu laufen, auch betreibe ich gern alpines Klettern. Rundum kann ich sagen, dass ich körperlich noch nie so fit war wie jetzt mit 51 Jahren.

Nehmen Sie sich einen Coach, wenn Sie mit einer Sportart beginnen. Ansonsten überfordern Sie sich sehr schnell oder trainieren nicht im richtigen Bereich (Sauerstoffüberschuss) und schaden so dem Körper mehr, als Sie ihn fördern. Ich will an dieser Stelle nicht weiter auf dieses Thema eingehen, da es zu umfangreich ist und es wirklich gute Literatur dazu gibt.

Fangen Sie an, Ihren Körper zu trainieren, es ist nie zu spät. Oder gehören Sie auch zu den 'Morgen-Sportlern'? "... morgen werde ich Sport betreiben."

Blitzkorrektur mit Haltung und Sprache

Unsere Motivation und positive Ausstrahlung werden von zwei Faktoren entscheidend und unmittelbar beeinflusst: Die Physiologie und die Sprache. Eine kleine Korrektur in Ihrer Haltung bewirkt enorm viel. Schon ändert sich im gleichen Moment Ihre geistige Haltung. Nehmen Sie die Schultern zurück und richten Sie Ihren Kopf gerade aus, schon spüren Sie die Veränderung Ihrer Ausstrahlung. Achten Sie dann noch auf Ihre Sprache, welche Worte Sie wählen. Als Gegenbeispiel führe ich Sprüche der 'Null-Bock-Auf-Garnichts-Generation' auf: 'Das Wetter ist heute wieder miserabel, die Luft wird auch immer schlechter, und überhaupt der Krieg im Irak hört nicht auf, unsere Politiker machen ja nichts dagegen, mir reicht mein Geld hinten und vorne nicht aus, meine Nachbarn gehen mir tierisch auf den Keks, mein Chef ist ein Idiot und kapiert gar nichts'. Spüren Sie, wie schnell diese Worte Energie kosten? Hören Sie bewusst hin, wie diese

Menschen sprechen - von positiver Ausstrahlung weit und breit nichts zu finden. Dann machen Sie einen Selbstversuch und sagen in der vollen Schwere der Bedeutung *"ich bin heute total kaputt"* - selbst wenn Sie es vorher nicht waren - jetzt sind Sie es.

Durch das Verändern Ihre Stimme (ruhig, klar und deutlich, der Stimmsitz tief im Bauch) und Verwenden von positiven Worten ändert sich sofort Ihr Energiefeld.

Die Methode der Haltungs- und Stimmänderung eignet sich in Situationen, in denen Sie glauben, unsicher zu werden oder in Momenten, in denen Sie durch Hektik oder Alltags-Routine Ihre positive Ausstrahlung verlieren. Sie wirkt innerhalb weniger Sekunden und braucht keinerlei langfristiges Üben.

Durchhalten wird belohnt

"Da bin ich ja den ganzen Tag mit nichts anderem beschäftigt, als meine Übungen zu absolvieren", denken Sie vielleicht. Ja gerade der Satz kostet schon wieder 250,- € in der Energiebilanz. Sicher, einen Aufwand bedeutet es schon. Allerdings so groß ist er ja nicht. Fünf Minuten täglich genügen vollkommen. Ich bin überzeugt, dass Sie es schaffen, fünf Minuten täglich einsetzen zu können, das entspricht knapp 0,35 % der Ihnen zur Verfügung stehenden Zeit. Sollten Sie sich das nicht wert sein? Oder glauben Sie an das Märchen, dass jemand bei gleichem Verhalten bessere Ergebnisse erzielen kann?

All die angebotenen Maßnahmen sind eine Auswahl von vielen Möglichkeiten, die Sie Ihrem Ziel näher bringen. Vielleicht wissen Sie weitere Übungen, mit denen Sie bereits erfolgreich arbeiten. Tun Sie das, was Sie für sich am besten halten und womit Sie Freude haben. Nicht meine Erfahrung ist für Sie wichtig, sondern Ihr Tun!

Dieses Buch macht Sie nicht besser, es zeigt Ihnen höchstens einen Weg dazu auf. Gehen müssen Sie ihn selbst.

Noch ein kleiner Tipp zur Wiederholung:

Nicht das Beginnen wird belohnt, sondern das Durchhalten. Bleiben Sie dabei, es lohnt sich!

Vom Ärger loslassen

Allgemeines zum Thema Ärger

Sie haben sich inzwischen wie ein Bücherwurm durch einige Kapitel gebohrt und sogar (so hoffe ich) Übungen zur positiven Ausstrahlung gemacht. Als weiteren Baustein will ich Ihnen mit auf den Weg geben, was ich seit Jahren trainiere: Vom Ärger loslassen. Mag sein, dass ich noch kein Meister dieses Faches bin und doch habe ich hierbei in den vergangenen Jahren viel gelernt. Ich spüre (gottlob) immer noch in bestimmten Situationen Wut oder Aggression, was ich vollkommen in Ordnung finde; ich gehe allerdings ganz anders damit um. Diese Themen nur mit dem Mantel von 'Friede, Freude, Eierkuchen' zudecken zu wollen, macht keinen Sinn; sie müssen bearbeitet werden, sonst drängen sie auf eine andere Weise wieder an die Oberfläche: auf der geistigen Ebene als Aggression, die mir entgegengebracht wird oder auf der körperlichen Ebene als Krankheit.

Wenn Ärger, Wut oder Aggression in mir hochsteigen, nehme ich es bewusst wahr, erkenne, dass es ausschließlich mit mir und meinem Lernprozess zu tun hat und frage mich, warum die Situation auf mich zukommt. Welchen Spiegel hält mir das Leben wieder vor? Was will den kleinen Jungen in mir zornig machen? Die Konsequenz daraus heißt nicht, zu allem 'Ja und Amen' zu sagen, alles mit sich machen zu lassen und die alleinige Schuld für alles auf sich zu nehmen, sondern in aller Klarheit und mit Nachdruck auf eine faire Art und Weise sich auseinander zu setzen.

Wie bereits dargestellt, kommt Emotion vom lateinischen 'emovere' und heißt übersetzt soviel wie 'herausbewegen'. Ich halte es für weit besser, in einer kritischen Situation mal herauszupoltern, als ständig alles hinunterzuschlucken. Langfristig sollten wir einen anderen Umgang mit der Thematik erlernen. Ärger entspringt immer einer nicht erfüllten Erwartungshaltung. Wir haben gedacht, dass sich der andere uns gegenüber anders verhält. Er war allerdings nur in unserer Vorstellung anders, nicht in der Realität - und nun folgt die Enttäuschung. Wir haben uns im anderen getäuscht. Nun setzten Sie die Betonung des letzten Satzes richtig, dann geht Ihnen ein Licht auf: Wir haben uns im anderen getäuscht. Mit dem anderen hat es nichts zu tun, er hätte sich so und so in dieser Art verhalten. Weil wir nun 'ent-täuscht' sind, uns also vorher getäuscht haben, brauchen wir ja dem anderen nicht böse zu sein.

Ein Bild zur Verdeutlichung: Stellen Sie sich vor, Sie sitzen im Kino und sehen einen herzzerreißend romantischen Film an. Manche lachen über den sentimentalen Kitsch, andere sind aufgrund der menschlichen Dramatik zu Tränen gerührt (die berühmten Kinoheuler). Wo entsteht nun Realität, vorne auf der Leinwand oder in Ihrem Kopf? Natürlich in Ihnen, denn auf der Leinwand werden lediglich Hell- und Dunkelreflexe projiziert, die mit der Wirklichkeit nichts zu tun haben. Realität entsteht in Ihnen. Es gibt keine absolute Realität. Jeder Mensch baut sich seine eigene Realität.

Wenn Ihnen der Film nicht gefällt, was tun Sie dann? Gehen Sie zur Leinwand und schneiden Sie mit einer Schere ein großes Stück heraus, da Sie der Ansicht sind, *"so darf dieser Mensch nicht reagieren, das lasse ich nicht zu!"*? Nein, jedes Kind weiß, dass dieses Verhalten töricht wäre. Wenn Sie mit dem Film nicht einverstanden sind, dann gehen Sie hinaus. - Was allerdings tun wir im wirklichen Leben, wenn wir uns ärgern oder enttäuscht sind? - Wir 'schneiden Löcher in die Leinwand', weil wir nicht erkennen wollen, dass die Wirklichkeit anders ist. Wir waren gefangen in einer Scheinwelt und haben jemandem ein falsches Image übergestülpt. In Wirklichkeit war er ja nie so, er hat nur in unserer Vorstellung derartig existiert. Deshalb sollten wir dem Leben dankbar für eine Enttäuschung sein, sie führt uns ein Stück näher an die Wirklichkeit.

Auch hierbei spielt wieder das Thema 'Form und Inhalt' eine Rolle. Der Anlass des Ärgers oder die Person der Enttäuschung stellt die Form dar, die uns einen bestimmten Inhalt vermittelt. Nur die Form zu kritisieren, macht keinen Sinn und bringt uns nicht zum Verständnis des Inhalts. Niemand würde dem Briefträger eine Ohrfeige geben, weil er einen Mahnbescheid des Finanzamtes überbringt. Hier kennen wir den Unterschied zwischen dem Überbringer der Botschaft und dem Inhalt der Botschaft. Im wirklichen Leben beschimpfen wir denjenigen, der uns unsere Täuschung vor Augen geführt hat - uns also 'enttäuscht' hat: *"Was der mir angetan hat, werde ich ihm nie verzeihen."* Dabei gäbe es gar nichts zu verzeihen, sondern nur zu verstehen.

Ärger, Sorgen und Ängste kosten 50 % unserer Energie. Stellen Sie sich vor, davon könnten wir ein Stück loslassen, wäre es nicht großartig? Und würde es nicht den erforderlichen Trainingseinsatz rechtfertigen? Ärger ist teuer. Sie bezahlen dafür nicht in €, sondern in Lebensqualität. Ärger bewirkt Kopfschmerzen, Falten im Gesicht, Zahnschmerzen, Immunschwäche, Unkonzentriertheit, Müdigkeit, Sehschwäche, Rückenschmerzen, Muskelverspannungen, Verdauungsbeschwerden, Darmentzündungen, Magengeschwüre, Verstopfung, bis hin zum Darmkrebs. Wir gehen also nicht sehr verantwortungsvoll mit unserem Körper um, wenn wir uns ärgern. Der Preis einer Sache ist diejenige Menge an Lebensqualität, die wir früher oder später im Austausch dafür hergeben müssen. Beim Ärger haben wir sicherlich oft schon zuviel an Lebensqualität bezahlt.

Wann sind wir bereit, uns eine neue Lebenseinstellung zuzulegen? Jetzt oder erst nach dem ersten Herzinfarkt, nach dem ersten Magengeschwür oder nach der ersten kaputten Partnerschaft? Diese Frage stellt uns das Leben täglich und es liegt in unserer freien Entscheidung, wann wir verändern wollen. Jetzt befinden wir uns noch in der freiwilligen Phase, nach einem Herzinfarkt müssen wir uns verändern, sonst kann es sein, dass uns das Leben sehr schnell aus dem Verkehr zieht.

Wie groß ist Ihre Arbeitsleistung in den darauf folgenden Stunden, wenn Sie sich gerade über einen ekelhaften Kunden geärgert haben? 100 %, 70 %, 30 % oder 7 %. Bei den meisten Menschen liegt der Wert im einstelligen

Bereich. Ärger wirkt sich demnach auch volkswirtschaftlich nicht sehr produktiv aus.

Beim Ärger stauen sich Aggressionen auf, der Blutdruck steigt - ein Zeichen für die Kampfbereitschaft - und der Körper versucht irgendwie einen Ausgleich zu schaffen. Da Sie nun ein wohlerzogener Mensch sind, fangen Sie z.B. mit dem Kunden nicht gleich einen Kapitalstreit an, sondern schlucken zunächst einmal hinunter. Später ergibt sich vielleicht noch eine unangenehme Situation mit einer Kollegin, auch hier schlucken Sie wieder aus Höflichkeit. Auf der Fahrt nach Hause geraten Sie noch in Streit mit einem anderen Autofahrer, dem Ihr Fahrstil sehr missfällt. Auch Ihm können Sie gerade die Meinung nicht geigen und es wird abermals geschluckt. Zu Hause angekommen, braucht nur eine Kleinigkeit mit den Kindern oder dem Partner schief gehen, schon läuft Ihr Fass mit den Stresshormonen über und Sie laden all die aufgestauten Aggressionen bei den Menschen ab, die Ihnen in Ihrer Liebe am nächsten stehen und die gar nichts für Ihre schlechte Laune können. Macht das Sinn? Wollen Sie wirklich andere wegen Ihrer Unfähigkeit der Aggressionsbewältigung leiden lassen? Dabei die Menschen strafen, die Ihnen am nächsten stehen?

Ich schlage Ihnen im Folgenden einige Methoden für einen anderen Umgang mit dem Thema Ärger vor. Sollten Sie also verspüren, dass Ärger in Ihnen nagt, Sie sauer macht und Ihre Motivation nach unten zieht, dann probieren Sie die hier angebotenen Maßnahmen aus. Auch hier gilt: Nicht jede Methode passt für jeden, wählen Sie sich aus, was für Sie stimmt. Ein sehr emotionaler Typ kann im Moment des Ärgers keine logische Überlegung anstellen oder ein sehr rationaler Mensch bringt es nur sehr schwer fertig, sich in einer Trainingssituation alles 'von der Seele zu schreien'.

Gehen Sie nicht zu hart mit sich selbst ins Gericht und sind Sie nicht böse, wenn es trotz der guten Vorsätze wieder einmal nicht geklappt hat. Verhalten zu verändern, dauert einige Zeit. Bleiben Sie geduldig dran, es kommt nicht darauf an, wie lange Sie dazubrauchen, sondern wann Sie mit dem Training beginnen: Jetzt oder erst in 10 Jahren.

Die Gewissensfrage

Bei den rationalen Typen funktioniert diese Methode in Momenten, in denen der Ärger gerade hochkommen will, bei den emotionalen Typen wird die Überlegung erst einige Zeit später möglich sein.

Fragen Sie sich: *"Was will ich vom Leben, wenn ich mich ärgere? Trost oder Anerkennung, Mitleid oder Bewunderung, Opfer sein oder Schöpfer werden?"* Wenn wir uns ärgern, wollen wir Trost, wir wollen, dass jemand sagt, *"ach du armer Junge, ach du armes Mädchen, haben dich die anderen wieder so geärgert, du tust mir leid"*. Wir wollen Mitleid. Psychologisch handelt es sich um eine verzwickte Situation: Im Kampf um Zuwendung, die wir uns selbst zu wenig gewähren und deshalb mit allen Mitteln von anderen haben wollen, wählen wir den Weg des Mitleids, des Trostes. Zwar wissen wir intuitiv, dass es nur der Trostpreis ist, doch in unserer hilflosen Suche nach Wärme, Anerkennung und Liebe nehmen wir jedes Mittel, das zum Ziel führen könnte. Leider eine Sackgasse, ein Irrweg. Wonach wir uns sehnen, bekommen wir nicht, sondern im Gegenteil nur Mitleid mit der selbst gewählten Opferrolle. Oft haben wir in der Kindheit schon unbewusst gelernt, dass es bei Leid (geistig oder körperlich) besondere Zuwendung der Mutter gab und ohne dass wir es auf der bewussten Ebene realisieren, läuft heute noch die gleiche 'Schallplatte'.

Um Anerkennung zu erhalten, müssen wir über der Situation stehen. Wenn uns andere bewundern und sagen, *"toll, wie du über solchen Situationen stehst, finde ich klasse"*, haben wir den Hauptpreis gezogen. Stellen Sie sich die Gewissensfrage immer und immer wieder in und auch nach Situationen des Ärgers. Es klärt viel, allmählich spüren Sie, dass einfach nur das kleine Mädchen oder der kleine Junge in uns trotzig ist und Trost sucht.

Eine Minute Lächeltraining

Ich habe die Grundzüge der Technik im vorangegangenen Kapitel schon dargestellt. Das Lächeltraining erweist bei Ärger gute Dienste, vor allem für die emotionalen Menschen.

Nach einer unangenehmen Situation z.B. mit einem Kunden ziehen Sie sich auf die Toilette zurück und lächeln in den Spiegel. Eine ganze Minute lang! Zu Beginn gleicht es einer eigenartigen Grimasse, denn Sie ärgern sich ja richtig, da passt das Lachen nicht. - Nach ca. 20 Sekunden passiert etwas sehr Seltsames: Sie beginnen, über sich selbst zu lächeln und Ihre emotionale Empfindung verändert sich. Vielleicht steigen Gedanken auf, wie *"na ja, dieser Kunde war eben ekelig, na und - was hat es mit mir zu tun?"* Oder Sie überlegen, ob es denn sinnvoll wäre, wieder zum Kunden zu gehen und zu sagen, *"selber Blödmann ..."* Oder Sie fragen, ob denn diese Situation die schlimmsten Sorgen sind, die Sie haben können, oder ob Sie sich wohl in zwei Jahren auch noch drüber ärgern werden. Im Prinzip brauchen Sie zu dieser Übung gar keinen Spiegel, Sie können sie überall durchführen.

Musik für die Seele

Es handelt sich um eine Anlehnung an die Übung zur Motivation im vergangenen Kapitel. Ich habe dafür schon in einigen Unternehmen einen firmeneigenen Walkmann oder Diskmann installiert. Ist ein Mitarbeiter durch eine ärgerliche Situation gerade auf dem emotionalen Nullpunkt, so zieht er sich für 5 Minuten in den Personalraum zurück und hört sich Musik in voller Lautstärke an. Jeder hat dafür seine eigene Kassette oder CD, denn der Musikgeschmack unterscheidet sich und jeder hat einen bestimmten Titel, von dem er sagen kann, *"wenn ich diese Nummer höre, bin ich wieder topp drauf"*. Der eine liebt den Zillertaler Hochzeitsmarsch, der andere Heino, wieder ein anderer braucht die Stones oder DJ Ötzi.

Während des Musikhörens können Sie sich Bilder ansehen, die Ihnen Kraft und Energie liefern: Sommer-Sonne-Urlaub, die Familie, Natur o.ä. Gut eignen sich Bilder aus der Dankbarkeitscollage.

Noch vier Wochen zu Leben

Wenn es in Ihnen brodelt und Sie spüren, dass gleich Ärger aufkommt, dann halten Sie kurz inne und fragen sich, ob Sie sich denn jetzt auch ärgern würden, wenn in vier Wochen Ihr Leben zu Ende wäre. - Nein, dann natürlich sicherlich nicht, denn es gäbe in diesem Fall Wichtigeres zu tun.

Beginnen wir doch, dieses 'Wichtigere' zu tun, denn wir wissen nicht, wie viel Zeit uns noch bleibt. Es mag wohl wieder makaber klingen und doch haben Sie mit dieser Methode die Möglichkeit, sich in vielen Situationen aufs Wesentliche zu besinnen.

Für die emotionalen Typen empfehle ich wieder, im Moment den Ärger herauszulassen und im Nachhinein sich mit der Frage auseinander zusetzen. Depressiv veranlagte Menschen sollten die Methode nicht oder nur unter Anleitung eines Beraters anwenden, da sie sich sonst noch mehr in grüblerischen Gedanken verstricken, aus denen sie nur schwer wieder herausfinden.

Stresshormone abbauen

Sammeln sich durch Aufstauen von Aggressionen im Körper Stresshormone, bietet sich an, durch sportliche Aktivitäten für einen kontrollierten und vollständigen Abbau zu sorgen. In Fällen übermäßig hartnäckiger Aggression kann es ein Sandsack im Büro sein, ansonsten genügt es z.B., nach einem hektischen und mit Ärger behafteten Arbeitstag Sport zu betreiben: Gut geeignet sind Squash, Tennis, Laufen o.Ä. Bei Kraftsportarten und Training im Fitnessraum achten Sie bitte darauf, stets den Atem fließen zu lassen.

Manchmal genügt schon eine einfachere Variante: In sehr verfahrenen Gesprächssituationen, bei denen es im Streit keine Lösung zu geben scheint und sich die Argumente ständig 'im Kreis drehen', bewirkt oft eine Veränderung der körperlichen Haltung auch eine Veränderung der geistigen Haltung. Machen Sie bewusst eine Unterbrechung für 10 Minuten, vertreten Sie sich die Beine oder sagen Sie, sie wollen eben mal Zigaretten besorgen gehen o.ä. Sie werden erleben, dass es sich später wieder viel leichter diskutieren lässt und schneller eine Lösung gefunden wird.

Aggression herausschreien

Ich wende die Methode in Seminaren an, um Aufgestautes loszuwerden und um auf praktische Art diese Methode zu vermitteln. Dazu mache ich im Seminarraum extrem laut Musik (meist Trommelrhythmen). Die Teilnehmer sind dann aufgefordert, mit geschlossenen Augen 3 Minuten lang so laut sie können zu brüllen. Entweder einfach nur brüllen oder Worte schreien, wie *"Schluss, aus, mir reicht's, Ende, aus, aus, ab, hör auf"* usw. Es befreit enorm und 3 Minuten für eine solche Übung ist eine lange Zeit. Richtig durchgeführt, ist man hinterher richtig fertig und die Aggression ist zu einem großen Teil in einen anderen Kanal übergeführt worden.

Die Übung können Sie auch zu Hause durchführen, außer wenn Sie in einer Mietwohnung leben und die Gefahr besteht, dass Ihre Mitbewohner bei wiederholtem Trainingsaufkommen die Polizei oder den Rettungsdienst verständigen. In diesem Falle könnten Sie sich eine Situation ähnlich dem griechischen Redner Demosthenes schaffen. Er stellte sich an die Brandung des Meeres, legte einen Kieselstein unter die Zunge (das brauchen Sie nicht) und kämpfte gegen die Lautstärke an, um seine Stimme in Tongewalt und Deutlichkeit zu trainieren. Sie könnten sich für Ihr Ansinnen an einen Wasserfall oder irgendwo in den Wald stellen. Ebenfalls eine gute Gelegenheit bietet sich, wenn Sie allein mit dem Auto unterwegs sind. So können Sie nach einem miserablen Arbeitstag auf der Fahrt nach Hause schon den ganzen Frust von der Seele brüllen, anschließend ein kurzes Lächeltraining durchführen, um fröhlich und entspannt zu Hause anzukommen.

Ich kann es sehr wohl verstehen, wenn Sie jetzt über einen solch vermeintlichen Unsinn verständnislos den Kopf schütteln. Doch bitte probieren Sie die Methode aus. Oft sind es die einfachen Dinge im Leben, die uns ein Stück weiter bringen und ich finde es allemal besser, im Auto alles herauszuschreien als daheim die Kinder oder den/die Partner/in anzuschnauzen.

Situationen geistig um-erleben

Unser Unterbewusstsein kennt keinen Unterschied zwischen Vorstellung und Realität. Alles, was wir wahrnehmen, wird zu unserer Realität. Wie bereits an einer früheren Stelle gesagt, gilt das für alles Negative, das wir über die Medien mitbekommen und glücklicherweise für alles Positive, das wir uns selbst eingeben.

So können Sie also Situationen, in denen Sie sich geärgert haben, immer wieder geistig um-erleben, nämlich so, wie Sie die Situation gern erlebt hätten, ohne sich zu ärgern. Ein Beispiel: Sie fahren auf der linken Spur der Autobahn sehr schnell dahin, plötzlich schert ein LKW zum Überholen aus und Sie müssen fast eine Notbremsung durchführen, um eine Kollision zu vermeiden. Damals haben Sie sich schrecklich geärgert, die Lichthupe betätigt, laut geschimpft und dem LKW-Fahrer den Vogel gezeigt. Das Um-Erleben funktioniert so: Sie versetzen sich in Gedanken immer wieder in die Situation und stellen sich vor, dass Sie geistig wachsam waren, schell bremsen konnten und sich dachten, *"gut, dass ich so konzentriert war, ich habe dadurch möglicherweise einen Unfall vermieden"*. Bereits nach 10-maligem Anwenden der Technik spüren Sie, dass der Blutdruck gar nicht mehr steigt, wenn Sie an die Situation denken.

Sie brauchen dazu nicht in Meditation oder Trance sein, sondern können jederzeit und überall um-erleben. Am besten suchen Sie sich - da es erforderlich ist, sehr oft um-zu-erleben - eine Situation, mit der Sie das Umerleben verknüpfen können, um stets daran erinnert zu werden. Ich empfehle Ihnen, es grundsätzlich auf der Toilette zu tun, denn das geistige und das körperliche Loslassen haben eine ähnliche Basis und passen daher gut zusammen. Auf diese Weise können Sie ca. 3 Mal täglich unterschiedliche Situationen um-erleben, das macht ca. 90 Mal pro Monat - und ich garantiere Ihnen, dass Sie nach 3 bis 4 Monaten vom Ärger los sind. Denn Ihr Unterbewusstsein hat gelernt, Ärger macht keinen Sinn. Entscheidend für den Erfolg ist allein Ihre Beharrlichkeit!

Zu guter Letzt

Ich freue mich, dass Sie bis hierher durchgehalten haben und ich danke Ihnen, dass wir ein Stück unseres Lebensweges gemeinsam gegangen sind. Ich hoffe, es hat Ihnen Spaß gemacht und Sie können aus meinen Erfahrungen für Ihr Leben profitieren.

Noch ein wichtiger Tipp für Sie: Gehen Sie jeden Tag mit einer ganz einfachen Grundeinstellung ans Leben: ***"Ich gebe heute wieder mein Bestes."*** Konzentrieren Sie sich darauf, gerade heute wieder 100 % zu geben oder vielleicht sogar 120 %. Es wird sicher Tage geben, an denen erreichen Sie nur 80 %, dann ist es auch in Ordnung. Dennoch brauchen Sie die Einstellung: ***"Ich gebe heute wieder mein Bestes, für meinen Beruf, für meine Partnerschaft, für mein Hobby ..."***

Ich würde mich freuen, wenn Sie jeden Tag mit dieser Einstellung ans Leben können. Meine besten Wünsche begleiten Sie dabei.

Alles Liebe und Gute

Ihr Emanuel Winklhofer

13 Punkte Plan
Handle begeistert und lebe begeistert
Emanuel Winkhofer 1

13 Punkte Plan
Ernähre Dich gesund
Emanuel Winkhofer 2

13 Punkte Plan
Sei entschlossen
Emanuel Winkhofer 3

13 Punkte Plan
Merke Dir Namen und Gesichter
Emanuel Winkhofer 4

13 Punkte Plan
Höre zu und stelle Fragen
Emanuel Winkhofer 5

13 Punkte Plan
Halte Ordnung
Emanuel Winkhofer 6

13 Punkte Plan
Trainiere Deinen Körper
Emanuel Winkhofer 7

13 Punkte Plan
Sei fleißig, ehrlich und fröhlich
Emanuel Winkhofer 8

13 Punkte Plan
Pflege Harmonie
Emanuel Winkhofer 9

13 Punkte Plan
Denke diszipliniert
Emanuel Winkhofer 10

13 Punkte Plan
Ruhe aus und entspanne
Emanuel Winkhofer 11

13 Punkte Plan
Sei dankbar
Emanuel Winkhofer 12

13 Punkte Plan
Lasse los
Emanuel Winkhofer 13

- Ich verzichte auf Fleisch
- Ich trinke höchstens 1 Glas Bier oder 1 Glas Wein
- Ich schränke mich beim Essen ein
- Ich esse nur, bis ich satt bin
- Ich verzichte auf Süßigkeiten
- Ich kaue bewusst
- Ich trinke genügend

- Ich stehe morgens begeistert auf
- Ich mag mich und bin dankbar für alles, was ich habe u. was ich kann
- Ich lächle die Menschen an
- Morgens lese ich 15 Minuten

- Ich merke mir täglich 1 Namen
- Ich spreche die Menschen mit ihrem Namen an
- Meine Mitmenschen sind mir so wichtig, dass ich mir gern die Namen und Gesichter merke
- Ich lese täglich im Namensregister

- Ich weiß genau, was ich will
- Ich teile mir heute die Zeit genau ein
- Ich treffe meine Entscheidungen sofort und im Sinne aller zum Besten
- Ich erlaube mir Fehlentscheidungen
- Wichtige Entscheidungen bespreche ich mit EZL
- Ich bereite den Tag vor und nach

- Ich denke diszipliniert
- Auf meinem Schreibtisch liegt nur die Aufgabe, die ich gerade bearbeite
- Ich lege meine Kleidung am Vorabend bereit
- Ich unterstütze Gabi bei der Hausarbeit
- Ich halte Ordnung im Aktenkoffer
- Ich pflege mein Auto u. halte es sauber

- Ich lasse die Menschen aussprechen
- Ich spreche nur, wenn ich gefragt bin, aufgefordert wurde oder damit Geld verdiene
- Ich frage die Menschen ehrlich nach ihrer Meinung
- Ich stelle Fragen statt Aussagen zu treffen

- Ich beginne die Arbeit um 6.30
- ich bin stets ehrlich zu mir und anderen
- Ich mache Gabi eine Freude
- Ich schenke den Menschen ein Lächeln
- Ich bereite den Tag vor und nach
- Heute erfreue ich jemanden herzlich

- Ich stehe morgens begeistert auf
- Ich fahre morgens 5 min. Rad, mache Bauchbeugen und Rückentraining
- Ich spiele 3x pro Monat Tennis
- Ich gehe spazieren
- Ich meditiere
- Ich ernähre mich gesund

- Ich kontrolliere meine Gedanken, Gefühle und Gewohnheiten, ob ich sie will, und ob sie zu meinem Ziel beitragen
- Ich lenke meine Aufmerksamkeit auf die Verbesserungs-Chancen
- Ich denke an meine Ziele
- Ich bin dankbar für alles, was ich habe

- Ich höre heute bewusst und aufmerksam ein schönes Musikstück an
- Ich achte auf die Bedürfnisse von Gabi
- Ich plane 1 EZL-Abend pro Woche
- Ich genieße meine Familie
- Heute lese ich mind. 30 Minuten

- Ich bin allen Menschen dankbar, weil sie mich weiterbringen
- Ich betrachte täglich meine Dankbarkeits-Kollage
- Ich lese tgl. die Dankbarkeits-Liste
- Ich zähle meine Reichtümer
- Ich kontrolliere meine Finanzen

- Ich gehe früh zu Bett
- Ich gönne mir mittags 1/2 Stunde zum Entspannen
- Ich besuche Orte der Stille
- Ich genieße die Stunden mit Gabi
- Ich pflege die Sauna-Besuche
- Ich reserviere mir Zeit für 'stille Stunden'
- Ich höre Musik statt fernzusehen

- Ich verzichte auf´s Rechthaben
- Ich weiß, daß alle materiellen Güter nur 'geborgte Spielsachen' sind
- Ich freue mich, die Spielsachen verwalten zu dürfen und weiß, dass ich sie jederzeit loslassen kann
- Ich verzichte heute auf etwas
- Ich danke

Die innere Wirklichkeit
Eine Reise zur Seele
Michael Eisenmann, Jörg Engelsing, Patrizia Mikulcik
Dieses Buch - allgemeinverständlich aufgebaut - möchte Neugierde beim Leser wecken und zur Erforschung der eigenen Seele ermutigen. Insbesondere werden sich vielleicht Menschen angesprochen fühlen, die ihre Persönlichkeit in der äußeren Welt etabliert haben und nun eine Reise in eine neue - die innere - Welt wagen wollen, die sehr tief berühren kann.
Buch, 272 Seiten, ISBN 978-3-932418-29-7 *19,80 €*

Lebensfreude *– sieben Geheimnisse für Glück und Erfolg*
von und mit Emanuel Winklhofer
Audio CD, 35 Minuten, ISBN 978-3-932418-23-8 *12,50 €*

Wie die Wolken ziehen *– wie Sie bremsende Lebensmuster erkennen und loslassen können*
von und mit Emanuel Winklhofer
Audio CD, 55 Minuten, ISBN 978-3-932418-21-1 *13,50 €*

Meditationsmusik in 12 Tonarten*
Jeder Ton und jede Tonart haben eine ganz bestimmte Charakteristik und ebenso eine feinstoffliche Wirkung auf Körper, Geist und Seele. Die Zahl 12 finden wir in vielen Bereichen wieder: Die 12 Monate, die 12 Apostel, die 12 Tierkreiszeichen, die 12 Stunden (als Doppelstunden) pro Tag und eben auch die 12 Tonarten.

Jede Tonart – jedes Musikstück auf den CDs - kann also eine heilende Wirkung für Körper, Geist und Seele entfalten und ein fehlendes Prinzip im Organismus ergänzen. Oder die Musik kann dazu anregen, dass ein Bereich, der auf einer unerwünschten Stufe gelebt wird, wieder schneller auf die gewünschte Ebene gebracht wird.

12 Musikstücke - jeweils 20 Minuten - in allen 12 Tonarten für die Meditation durch den Tierkreis
4 Audio CDs, 240 Minuten, ISBN 978-3-932418-24-2, *59,00 €*

Fühl in Dir die Dankbarkeit*

eine geführte Meditation, Text und Musik Emanuel Winklhofer

Text und Musik sind aufeinander abgestimmt und bewirken eine tiefe Dankbarkeit für den eigenen Körper und eine Dankbarkeit für viele erlebte Situationen. Lassen Sie sich tragen von den Tönen und den Bildern, die Ihr Unterbewusstes produziert.

Audio CD, 40 Minuten, ISBN 978-3-932418-26-6 — 12,50 €

Über den Tod hinaus*

Eine geführte Meditation zum Thema Tod
Text und Musik Emanuel Winklhofer

Diese Meditation geht sehr tief und kann eine nachhaltige Erfahrung bewirken. Es geht darum, wie ausgesöhnt und mündig wir mit dem Thema Tod und unserer eigenen Endlichkeit umgehen.

Audio CD, 35 Minuten, ISBN 978 3-932418-23-5 — 13,80 €

Einschlafmusik für Kinder*

mit Emanuel Winklhofer

Auf dieser CD sind bekannte Einschlaflieder für Kinder aneinander gereiht. Dies erleichtert den Kindern (oder auch Erwachsenen), in ihre eigene Welt der Bilder, Gedanken und Emotionen einzutauchen und ihre Seele der Nacht anzuvertrauen.

Die CD eignet sich auch, dem inneren Kind freien Raum zum Träumen, Loslassen und Entspannen zu geben.

Audio CD, 25 Minuten, ISBN 978-3-932418-25-9 — 9,90 €

** Die Musik ist live auf einem Yamaha C3 Flügel eingespielt. Ganz bewusst wurde auf elektronische Sounds von Keyboards oder Synthesizer verzichtet, um einen reinen und originalen Klavierklang mit seinen natürlichen Schwingungen zu erzeugen.*

Ezl-verlag
Waldstraße 26
93197 Zeitlarn
Tel. 09402-78 28 01
Fax 09402-78 28 02
info@ezl-verlag.de

Informationen zu den Seminaren mit Emanuel Winklhofer finden Sie unter www.winklho.de

Die aktuellen Produkte aus dem ezl-verlag sehen Sie auf: www.ezl-verlag.de